Karin Heiermann

Vom Golden Gate zum Golden Nugget -

10.000 Kilometer durch Amerikas (wilden) Westen

AF223135

*Für meine Eltern und Familie, die mich stets darin bestärkt und unterstützt haben, **mein** Leben nach meinen Vorstellungen zu leben.*

Für all meine Freunde, von denen mich viele bereits einen großen Teil dieses Lebens begleiten.

Vor allem aber für Heike, Helga und Reinhard, die nicht zögerten, diese Reise mit mir zu machen.

Und für alle, die noch träumen können und die fest daran glauben, dass Träume auch wahr werden!!

Karin Heiermann

Vom Golden Gate zum Golden Nugget

10.000 Kilometer durch Amerikas (wilden) Westen

Ein kleines Reisetagebuch

Herstellung und Verlag:
BoD - Books on Demand, Norderstedt

Satz, Layout und Umschlaggestaltung:
Karin Heiermann, Dortmund

ISBN: 978-3-8370-4713-4

Die Deutsche Nationalbibliothek verzeichnet diese Publikation in der Deutschen Nationalbibliografie; detaillierte bibliografische Daten sind im Internet über http://dnb.d-nb.de abrufbar

INHALT

Vorwort:

Die USA - das Land der unbegrenzten Möglichkeiten!

Ein Land mit wunderschönen, endlosen Landschaften, mit riesigen Städten voller Lärm und Hektik und dann wieder mit kleinen verträumten Orten, in denen die Zeit stehen geblieben zu sein scheint.
Ein Land mit vielen netten und freundlichen Menschen - aber auch ein Land mit extremen sozialen Gegensätzen.

Ein Land, das von schrecklichen Terroranschlägen getroffen wurde, die bis heute nachwirken - und ein Land, das auf Grund seiner gegenwärtigen Politik nicht unbedingt nur Freunde in der übrigen Welt hat.

Aber trotz oder vielleicht auch gerade wegen der schrecklichen Ereignisse des 11. September 2001 und danach soll das nachfolgende Reisetagebuch all jenen, die sich bisher nicht zu dem 'Sprung über den Atlantik' entschließen konnten, ihn gerne aber einmal wagen würden, einen Eindruck von der Faszination dieses Landes, seiner Landschaften, Städte, aber auch seiner ganz normalen Bürger vermitteln.

Dieses kleine Tagebuch beschreibt eine Rundreise, die wir im Sommer des Jahres 2000 unternommen haben.

Im Juli 2000 sind wir 'über den großen Teich' geflogen!

Es ging von Dortmund über Amsterdam nach San Francisco und von dort mit einem Leihwagen entlang der Westküste nach Norden bis Kanada. Dort in Richtung Osten und durch die Rocky Mountains zurück nach Süden, durch den Yellowstone und andere Nationalparks, bis wir schließlich nach gut 3 Wochen in Las Vegas ankamen, wo wir noch 5 Tage verbrachten.

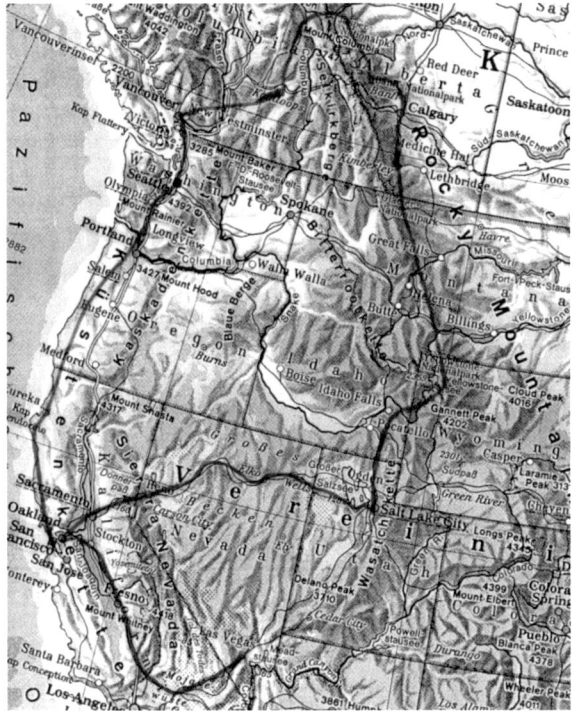

Unsere Route

Bis auf den Aufenthalt in Las Vegas, den wir auf eigene Faust anhängten, haben wir die Rundreise als fertiges Paket über einen Reiseveranstalter gebucht.

Alle Zielorte, auch die jeweiligen Hotels, lagen von vornherein fest, was uns zugegebenermaßen manchmal angesichts der einzelnen zurückzulegenden Strecken einigen Stress verursacht hat.

Dennoch war es ein toller Urlaub mit vielen phantastischen Eindrücken.

Darüber berichtet das nachfolgende Reisetagebuch und ist so vielleicht von Nutzen für alle, die es uns nachmachen oder auch nur ein paar Anregungen für eigene Touren finden wollen!

1. Tag - Freitag, 30.06.2000: Dortmund - Amsterdam - San Francisco

Es geht los!

Morgens um 7:15 Uhr fliegen wir von Dortmund mit 'Eurowings' nach Amsterdam. Von dort bringt uns ein 'Jumbo' der 'KLM' auf direktem Wege über den Atlantik nach San Francisco, wo wir gegen 14:3o Uhr Ortszeit, etwas müde zwar, aber voller Erwartung, landen.

Nach längerem Warten auf unser Gepäck und einer etwas umständlichen und zeitraubenden Einreiseprozedur geht es zum Mietwagendienst, wo unser Fahrzeug, ein (jetzt noch) schneeweißer Dodge Intrepid, schon für uns bereit steht, es müssen nur noch ein paar Formalitäten erledigt werden.

Beim Warten kann ich (als einzige Raucherin unter uns) endlich die während des langen Fluges so schmerzlich vermisste Zigarette rauchen.
Zwar ist in Amerika, speziell in Kalifornien, das Rauchen in allen öffentlichen Gebäuden und auch in vielen Restaurants und Gaststätten verboten, doch vor dem Gebäude des Mietwagenunternehmens ist es erlaubt, hier steht ein großer Aschenbecher - und der ist umlagert von Dutzenden Flugpassagieren, denen es wohl ähnlich ergangen ist wie mir.

Die Zeit reicht auch noch für eine zweite hastig gerauchte Zigarette, doch dann bekommen wir die Schlüssel für den Wagen: Das Abenteuer beginnt!

An das Fahrzeug und die Fahrweise in den USA gewöhnt man sich schnell. Schon nach wenigen Meilen auf dem Weg vom Flughafen zum Hotel in der Stadt fühlen wir uns wie echte Amerikaner.

Unser Hotel ist das 'Ramada Plaza International' auf der Market Street mitten in San Francisco.
Laut Straßenkarte ist die Fahrt dorthin auch sehr einfach, doch leider verpassen wir dann doch die Straßenkreuzung, an der wir abbiegen sollten und so wird unsere Fahrt doch ein wenig länger als geplant.

Zum Glück ist das Straßensystem in San Francisco (und auch in vielen anderen Großstädten der USA) so ausgelegt, dass die Straßen im Raster als Einbahnstraßen verlaufen. Fährt man z.B. auf einer Straße in Nord-Süd-

Richtung, so ist die erste Querstraße eine Einbahnstraße in West-Ost-Richtung, die nächste Querstraße verläuft als Einbahnstraße in Ost-West-Richtung.

Hat man also verpasst, an der richtigen Stelle abzubiegen, fährt man quasi 'noch einmal ums Karree' und gelangt wieder an den Ausgangspunkt.

Nach dem Einchecken und einer kurzen Ruhepause im Hotel geht es gleich auf kurze Entdeckungstour. Da natürlich auch im Hotel nicht geraucht werden darf, brennt der erste Glimmstängel bereits, als wir gerade aus der Tür auf den Bürgersteig hinausgetreten sind.

Es steht zu befürchten, dass ich als leidenschaftliche Raucherin auf unserer Reise durch dieses Land noch ein paar Probleme bekommen werde. Doch mit Sicherheit bekomme ich sehr viel 'frische Luft', denn so wie es aussieht, werde ich stets nur im Freien rauchen dürfen!

Angesichts der zum Teil sehr langen Fahrtstrecken, die vor uns liegen, ist es für mich auch selbstverständlich, dass im Auto nicht geraucht wird. Vielleicht könnte ich es mir ja auch während der Reise abgewöhnen, mal sehen ...

Nun also erst einmal ein beschwingter Bummel, die Market Street auf und ab, so haben wir uns das vorgestellt.

Aber wir werden gleich von der Wirklichkeit eingeholt, denn wir müssen erschreckt feststellen, dass hier in den USA die Gegensätze zwischen arm und reich gewaltig sind.

Zwar gehört die Market Street nicht gerade zu den noblen Einkaufsstraßen von San Francisco, doch dass die Bettler gleich in Scharen in diesem Stadtviertel in den Geschäftseingängen, auf den Bürgersteigen und Plätzen in Pappkartons hausen, das hatten wir so krass dennoch nicht erwartet.

Wir machen unseren ersten Spaziergang dann entsprechend doch in etwas gedämpfter und nachdenklicher Stimmung.
Das ist also der erste Eindruck vom 'Land der unbegrenzten Möglichkeiten'.

Schließlich nehmen wir noch schnell eine kleine Mahlzeit ein (Fast Food gibt's an jeder Ecke) und dann geht es zurück zum Hotel, ins Bett und schlafen - denn der Zeitunterschied macht sich jetzt doch bemerkbar.

2. Tag - Samstag, 01.07.2000:
San Francisco

San Francisco gehört uns! Früh aufstehen und los geht's!

Der erste Weg führt uns zu den Cable Cars, eine der Attraktionen der Stadt.

Wir fahren damit durch Chinatown hinunter zum Pier 39, wo erst einmal kräftig gefrühstückt wird.

Selbstverständlich nehmen wir ein echt amerikanisches Frühstück zu uns, mit Pfannkuchen, Erdbeeren mit

Schlagsahne, aber auch heißen kleinen Bratwürstchen, Eiern mit Speck und natürlich Hash Browns, aus Kartoffelteig gebackenen kleinen Plätzchen, die ein wenig an unsere deutschen Reibekuchen erinnern.

Am Pier 39

Nach dieser Stärkung spazieren wir am Meer entlang,

Natürlich fällt der Blick von hier unwillkürlich sofort auf Alcatraz, die berühmte Zuchthausinsel, die so nah vor der Küste liegt, dass man erst einmal erstaunt ist, dass nie einem Gefangenen die Flucht gelungen ist.

Doch man erkennt auch die starke Strömung und den hohen Wellengang rund um die Insel, die eine Flucht eben doch unmöglich machten.

Leider passt die uns zur Verfügung stehende Zeit nicht mit dem Fahrplan der kleinen Fähren zusammen, so dass wir nicht zur Insel fahren und das Gefängnis besichtigen können.

Schade, denn es wäre sicher spannend gewesen, sich (probehalber) in eine der Zellen sperren zu lassen.

Dann endlich erblicken wir draußen am 'Eingang' der Bucht die Golden Gate Bridge, **das** Wahrzeichen von San Francisco! Natürlich liegt sie wieder halb im Nebel. Aber wir werden ja noch darüber fahren, das wird uns garantiert entschädigen.

Wir machen einen ausgiebigen Bummel durch die vielen kleinen Geschäfte und Einkaufszentren hier am Wasser, wo wir sogar Seelöwen aus nächster Nähe beobachten können, und anschließend geht's zu einem Abstecher zum Ghirardelli Square, wo sich nun in einer alten Schokoladenfabrik ein Einkaufszentrum befindet.

Schließlich nehmen wir wieder ein Cable Car zurück nach Chinatown, wo wir aussteigen und uns mitten ins Gewühl stürzen. Hier 'tobt das Leben'!

Man glaubt tatsächlich, sich in Asien zu befinden, überall chinesische Schriftzeichen, fast alle unterhalten sich in chinesischer Sprache, die Luft ist erfüllt mit exotischen Gerüchen - eine völlig andere Welt.

Wir stöbern begeistert durch die vielen kleinen Läden, die natürlich sehr viel 'Touristen-Ramsch' anbieten, aber auch manche Kostbarkeit.

Hier könnte man viele Tage verbringen und würde doch an jeder Ecke wieder etwas Neues entdecken.

Doch leider ist unsere Zeit begrenzt, aber für ein echt chinesisches Essen reicht es, und auch für den Kauf von

Souvenirs, von denen im Verlauf der Reise wohl noch viele in unseren Koffern landen werden.

Wenn das Cable Car nicht mehr kann dann muss es halt ange-schoben werden!

Von Chinatown zurück zu unserem Hotel in der Market Street bummeln wir zu Fuß, durch das Finanzviertel mit seinen hoch in den Himmel hinaufragenden Bürohoch-häusern.
Hier gibt es viele, auch recht exklusive Geschäfte und Kaufhäuser, die alle einen Besuch lohnen.
Vor allem, da man sich ungestört umsehen kann und auch nicht 'dumm angesehen' wird, wenn man das Ge-schäft wieder verlässt, ohne etwas gekauft zu haben.

So geht es immer weiter durch die Stadt; wir schauen hier und dort mal in kleine Seitenstraßen, ab und zu ruhen wir uns für ein paar Minuten auf einer Bank aus, stöbern durch kleine Souvenirläden - natürlich nicht ohne Beute zu machen - und lernen so einen Teil dieser Stadt kennen.

Nachdem wir den ganzen Tag auf den Beinen waren, fallen wir am Abend, nach einem schnellen Imbiss im Fast Food Laden 'um die Ecke', müde in unser Bett.

Voller Vorfreude auf unsere am nächsten Tag beginnende Rundreise durch den Nordwesten der USA und einen Teil des Südwestens von Kanada schlafen wir sehr schnell ein.

3. Tag: Sonntag, 02.07.2000:
San Francisco - Mendocino - Fort Bragg

Schon früh um 7:oo Uhr machen wir uns auf den Weg. Noch einmal führt unsere Fahrt quer durch die halbe Stadt.

Dann geht es über die Golden Gate Bridge (ein absolutes Erlebnis!) in nördlicher Richtung auf den Highway No. 1 nach Mendocino bzw. Fort Bragg, unserem heutigen Etappenziel.

Gleich fahren wir über die Golden Gate Bridge!

Schon kurz hinter San Francisco ist nichts mehr davon zu merken, dass wir soeben eine Weltstadt hinter uns gelassen haben - hier gibt es nur noch Landschaft pur!

Der Highway schlängelt sich in zum Teil sehr engen Serpentinen die Hügel hinauf und wieder hinunter. Dabei fällt zur Linken der Blick immer wieder auf den manchmal ziemlich wild tosenden Pazifik.
Rechts dagegen finden sich dicht wuchernde Bäume und Sträucher, so dass man fast glaubt, einen tropischen Regenwald vor sich zu haben.

Am Pazifik, nördlich von San Francisco

Dies ist eine phantastische Strecke für Naturliebhaber.

Aber auch Film- und Fernsehfreaks kommen nicht zu kurz.
In Bodega z.B. befinden sich das Schulhaus und die Kirche, die Alfred Hitchcock als Kulissen für seinen Film 'Die Vögel' verwendete.

Der Weg führt vorbei an Fort Ross, das die Russen vor fast 200 Jahren als Vorposten für ihre Siedlungen in Alaska bauten.

Weiter geht es über Pt. Arena mit einer fantastischen Steilküste und malerischen, kunterbunten Holzhäusern nach Mendocino, das uns zumindest dem Namen nach aus einem alten deutschen Schlager gut bekannt ist.

Auch dieser Ort ist sehr malerisch, und, obwohl wir mit Sicherheit noch nie zuvor dort waren, kommt er uns doch merkwürdig bekannt vor.

Wir rätseln zunächst eine Weile herum, woran dieses 'Déjà-vu-Empfinden' liegen könnte.
Schließlich schlagen wir in unseren diversen Reiseführern nach und werden fündig:

Hier in Mendocino wurden die Außenaufnahmen für die Fernsehserie 'Mord ist ihr Hobby' gedreht!
Und da wir ausgemachte Krimi-Fans sind, ist es wirklich nicht weiter verwunderlich, dass wir diesen Ort zu kennen glauben.

An unserem Zielort Fort Bragg übernachten wir diesmal in einem Motel, dem 'Pine Beach Inn'.

Als besonderen Clou bietet diese Anlage für ihre Gäste den direkten Zugang zu einer kleinen Privatbucht mit feinem Sandstrand.

Nur leider lädt das kühle Wetter nicht zu einem Bad ein und wir belassen es bei einem Spaziergang am Pazifikstrand.

Unsere 'Privatbucht'

Nach dem Abendessen machen wir noch einen Spaziergang durch Fort Bragg, das ein beschauliches kleines
Örtchen ist, allerdings keine nennenswerten Attraktionen zu bieten hat.

Schließlich lassen wir dann den Tag gemütlich auf der
Terrasse unseres Zimmers sitzend ausklingen.

4. Tag: Montag, 03.07.2000:
Fort Bragg - Crescent City

Vor uns liegen ca. 380 km Fahrt bis nach Crescent City. Also machen wir uns wiederum früh auf den Weg immer Richtung Norden auf dem Highway No. 1.

Zunächst geht es wieder nur am Pazifik entlang, doch ab Rockport führt die Straße landeinwärts, da hier die Lost Coast beginnt, eine Küstengegend, die so zerklüftet ist, dass es unmöglich war, eine Straße direkt am Ufer zu bauen.

Durchs Gebirge geht es über Leggett auf die US 101, dann über Garberville auf die Avenue of the Giants, die 'Straße der Riesen'.

Diese ist gesäumt von zum Teil schon uralten Redwood-Bäumen, die durchaus Höhen von 100 m und mehr erreichen können.

Die Aufnahmen für die berühmte Verfolgungsjagd im Wald von Endor in einem seiner 'Star Wars'-Filme machte George Lucas hier in den Redwoods.

Einige dieser uralten Bäume sind so gigantisch, dass man aus ihnen eine Touristenattraktion geschaffen hat:

Man kann mit dem Auto durch sie hindurch fahren!

Ein Erlebnis, das wir natürlich unbedingt auf Video und Foto festhalten müssen!

Gleich kommt der große Moment!

Die Fahrt führt uns dann weiter nach Scotia, wo sich die größte Sägemühle der Welt befindet. Der ganze Ort ist so vom Holz geprägt, dass fast alle Häuser komplett aus diesem 'Werkstoff' gebaut sind. Interessant, aber sonst eine reine Industriestadt.

Danach folgt Eureka; eine Attraktion dieser Stadt ist das Carson Mansion, eine giftgrüne Holz-Villa, die wirklich wie eine Bonbondose aussieht.

Weiter geht's auf der US 101 wieder am Pazifik entlang, mit vielen Lagunen, die durch Sandbänke vom eigentlichen Ozean abgetrennt sind.
Dies scheint ein beliebtes Campinggebiet zu sein, überall stehen Camper und Trailer.

Weiter nordwärts ändert sich langsam die Vegetation, es beginnt der eigentliche Redwood National Park.

Hier empfiehlt es sich, das Visitor Center anzusteuern (vorausgesetzt, man findet die Zufahrt dorthin, was uns leider nicht gelungen ist). Man kann dort sehr viel über die Redwoods erfahren, z.B., dass sie bis zu 116 Metern hoch und bis zu 2000 Jahre alt werden können.

Statt uns zu bilden genießen wir also nur die wunderbare Natur auf unserem Weg durch die Wälder bis zu unserem Ziel in Crescent City, dem 'Best Western Northwoods Inn', wo wir später dann hautnah erleben dürfen, dass die Amerikaner bereits die Nacht zum 4. Juli (ihrem Nationalfeiertag) zu ausgiebigen und feucht-fröhlichen Feiern nutzen. An Schlaf war in dieser Nacht jedenfalls nicht viel zu denken.

5. Tag: Dienstag, 04. Juli 2000:
Crescent City- Redwood National Park - Portland

Wieder einmal frühstücken wir auf amerikanische Art, das heißt, es gibt warmes, deftiges Frühstück und dazu den nicht gerade umwerfenden amerikanischen Kaffee.

Nachdem die Koffer wieder im Wagen verstaut sind, fahren wir von Crescent City weiter nach Norden in Richtung Portland.
Das heißt zunächst einmal, dass wir zum ersten Mal auf unserer Route eine Staatsgrenze innerhalb der USA überschreiten, wir verlassen nämlich Kalifornien und kommen nach Oregon. Die ersten Meilen führen noch einmal durch die Ausläufer des Redwood National Park und wir genießen zum letzten Mal den Anblick dieser Baumriesen.

Doch der Rest unserer heutigen ca. 560 km langen Etappe ist eigentlich kaum der Erwähnung wert. Kilometer um Kilometer geht es auf dem autobahnähnlichen Highway auf Portland zu, durch relativ karge Ebenen, an kleineren Orten vorbei, dann wieder hügelige Wälder, aber ohne nennenswerte Attraktionen.

Allerdings haben wir hier unterwegs zum ersten Mal eine für uns bis dahin ungewöhnliche Begegnung mit einem riesigen Wohnmobil, dem, wie wir zunächst glauben, ein Jeep in unheimlich und gefährlich kurzem Abstand folgt.
Erst als wir fast auf gleicher Höhe sind, ist zu erkennen, dass der Jeep zum Wohnmobil gehört und einfach über eine Anhängeachse an den großen Wagen angehängt ist.

Im Verlauf unserer Reise sollen uns noch viele derartige Gespanne begegnen, denn die Amerikaner sind ein sehr reiselustiges Volk. Und wer es sich leisten kann, hat halt zwei Fahrzeuge, das Große wird auf irgendeinem schönen Platz abgestellt, das Kleine benutzt man für Fahrten zum Einkaufen oder Sonstiges.

Zurück zu unserer Fahrt.
Da an diesem Tag regnerisches Wetter herrscht, sind wir froh, nach der langen Fahrt endlich Portland zu erreichen. Quartier beziehen wir im 'Red Lion Inn Coliseum', einem netten Motel direkt am Willamette River.

Nach einer kurzen Erholungspause machen wir uns auf zu einem Entdeckungsrundgang durch die Stadt, die schon mehrmals zur 'lebenswertesten Stadt der USA' gekürt wurde.

Der Grund hierfür erschließt sich uns in der recht kurzen Zeit, die wir dort verbringen, allerdings nicht unbedingt, erscheint Portland doch als eine Großstadt wie viele andere auch, sowohl mit Slumvierteln als auch mit gehobenen Wohn- und Geschäftsvierteln.

Zudem sind wir erstaunt, dass an diesem Feiertag alles doch sehr ruhig ist, die Stadt scheint zum Teil wie ausgestorben.

Zurück im Motel erwarten wir am Abend, nach Einbruch der Dunkelheit und gemeinsam mit anderen Motelgästen, das berühmte Feuerwerk zum 4. Juli, das von unserem Aussichtspunkt auch ganz nett anzusehen ist.

6. Tag: Mittwoch, 05. Juli 2000: Portland - Mt. St. Helens - Mt. Rainier National Park - Seattle

Heute haben wir eine Strecke von ca. 430 km zu bewältigen, von Portland bis nach Seattle, unserem Tagesziel, wobei wir erneut in einen anderen Bundesstaat wechseln, nämlich nach Washington.

Auf dieser Strecke erwartet uns einer der Höhepunkte unserer Reise:
Der Mount St. Helens, jener Vulkan, der im Jahre 1980 ausbrach und damals fast 6000 Quadratkilometer Wald zerstörte sowie mehr als 70 Menschenleben forderte.

Selbst im ca. 80 km entfernten Seattle regnete dicker Staub nieder.

Die Staubwolke der Eruption zog damals fast um die ganze Welt und die pfiffigen Amerikaner machten gleich noch ein Geschäft daraus, denn sie druckten und verkauften Autoaufkleber: 'Don't visit Washington - Washington will visit you!'

Vor dem Ausbruch hatte der Berg eine Höhe von 2950 Metern, heute ist er nur noch 2550 Meter hoch und weist einen riesigen Krater auf; das gibt einen Eindruck von der Gewalt der Eruption.

Der Mount St. Helens heute

Am Parkeingang befindet sich das zentrale Visitor Center, wo wir uns anhand von Modellen, Grafiken, Fotos und vielem mehr einen ersten Überblick über Mt. St. Helens und den heutigen Nationalpark (geschaffen 1982) holen.

Als wir dann in den Nationalpark hineinfahren und uns dem Gebiet rund um den Mt. St. Helens nähern, bekommen wir ein Gefühl für die damalige Katastrophe:

Weit und breit nur graue Erde, dazwischen viele abgebrochene Baumstämme, zum Teil verrottet, zum Teil regelrecht versteinert, nur ganz vereinzelt einige grüne Stellen, an denen jetzt erst, nach 20 Jahren, wieder neue Pflanzen zu wachsen beginnen.

Je näher wir dem eigentlichen Berg kommen, umso bizarrer wird die Landschaft - so muss es auf dem Mond aussehen!

Die Landschaft rund um den Mt. St. Helens

Im Visitor Center, ca. 5 km Luftlinie gegenüber dem Berg (näher kommt man nicht heran), haben wir das Glück, auf einen Ranger zu treffen, der damals das Unglück hautnah miterlebt hat.

Er schildert den Besuchern sehr anschaulich die Ereignisse von damals. Man denkt automatisch an einen Filmstoff, wenn er erzählt, dass eine einzelne Frau, Wissenschaftlerin, bereits ca. 14 Tage vor dem seinerzeitigen Ausbruch vor der Gefahr gewarnt hat - aber niemand wollte ihr glauben.

Als man dann doch endlich begriff, wie ernst die Lage war, hatten die Behörden und die Bevölkerung nur noch 8 Stunden Zeit für eine Evakuierung!

Das erklärt auch die doch relativ hohe Zahl an Todesopfern. Drei komplette Dörfer wurden von den Gesteins- und Lavamassen verschüttet.

(Die Wissenschaftlerin wurde übrigens später Gouverneurin des Staates Washington!)

Der Aufenthalt am Mt. St. Helens gehört für uns wirklich zu den beeindruckendsten Erlebnissen dieser Reise.

Wir müssen uns leider von diesem imposanten und gleichzeitig erschreckenden Beweis der Kraft der Natur trennen und weiter unserem heutigen Weg nach Seattle folgen, nicht jedoch ohne einen Abstecher zum 4800 Meter hohen Mount Rainier zu machen, einem weiteren Vulkan in dieser Gegend.

Er ist zwar vor ca. 500 bis 600 Jahren zuletzt ausgebrochen, gilt aber als einer der 15 gefährlichsten Vulkane der Welt.

Mit unserem Auto können wir sehr weit hinauf fahren, über eine Serpentinenstraße - auf der einen Seite hohe Felswände, auf der anderen Seite steile Abhänge - ein wahres Vergnügen.

Am Ende der Straße befindet sich auch hier ein Visitor Center, das uns hervorragende Informationen über den Berg und die gesamte Region liefert.

Auf dem Parkplatz machen wir dann noch gleich eine kleine Schneeballschlacht, mitten im Juli!

Der Mt. Rainier

Auf halbem Weg den Berg wieder hinunter fällt ein gewaltiger Wasserfall mit tosendem Lärm vom Gipfel herab – grandios.

Natürlich machen wir noch jede Menge Fotos von diesem Naturereignis, bevor es wieder weiter geht nach Seattle.

Wasserfall am Mt. Rainier

Der Weg in die Stadt hinein führt über den Highway vorbei am Flughafen und dem riesigen Betriebsgelände von Boeing.

Seattle gilt als die 'Urlaubsstadt der USA', bis zum Jahr 2000 erhielt die Stadt schon fünf Mal diesen Titel, dabei unterscheidet sie sich eigentlich kaum von den anderen Großstädten der USA: Wolkenkratzer in Downtown, jede Menge Autos auf den Straßen, viele Geschäfte und Einkaufszentren in der City.

Nachdem wir in unserem Hotel, dem 'Westcoast Vance Hotel', eingecheckt haben, spazieren wir voller Erwartung los, denn Seattle gilt auch als 'Stadt der Kaffeesüchtigen'.

Hier soll es an beinahe jeder Ecke den besten Kaffee geben. Und den wünschen wir uns sehnlichst, nachdem wir den üblichen 'USA-Kaffee' bereits ausgiebig kennen gelernt haben.

Aber man sollte die Hoffnungen nie zu hoch schrauben: Eine große Qualitätsverbesserung ist leider nicht festzustellen!

Dafür spüren wir auf unserer Erkundungstour durch die Stadt aber doch etwas von dem Flair, das diese Stadt zur 'Urlaubsstadt' macht. Das mag vielleicht an der Nähe zu Kanada liegen.

7. Tag: Donnerstag, 06. Juli 2000: Seattle - Vancouver

Da unsere Etappe von Seattle nach Vancouver nur ca. 220 km kurz ist, können wir uns nach dem Aufstehen Zeit lassen für ein gemütliches Frühstück und einen erneuten Bummel durch die Stadt.

Natürlich nehmen wir die blitzschnelle Monorail vom Westlake Center zum Seattle Center (nur 90 Sekunden Fahrzeit!), um uns die Space Needle anzusehen, das

Wahrzeichen von Seattle mit einer Aussichtsplattform in 158 Metern Höhe.

Die 'Space Needle' - reizvoller Blick von unten!

Sicher ein genialer Ausblick von dort - wenn man schwindelfrei ist und bereit, die 15 Dollar pro Person für die Fahrt nach oben zu bezahlen.

Uns ist das doch etwas zu teuer, deswegen erkunden wir lieber die Gegend bis hinunter zum Hafen und zurück zum Pike Place Public Market, dem ältesten aktiven Bauernmarkt der USA. Hier zu stöbern ist ein Erlebnis.

Ebenso sehens- und besuchenswert sind der Pioneer Square, das Seattle Art Museum, das Klondike Gold Rush Museum und der Lake Union mit seinen Hausbooten - hier wurde 'Schlaflos in Seattle' gedreht.

Nachmittags machen wir uns dann auf den Weg nach Vancouver/Kanada. Dabei müssen wir eine echte Staatsgrenze überschreiten. Das bedeutet wieder die Einreiseprozedur wie nach der Landung auf dem Flughafen von San Francisco.

Nachdem wir das überstanden haben, sind wir also in Kanada, in der Provinz British Columbia.

Die große Überraschung: Das Wetter ist plötzlich viel besser als in den USA, es ist richtig schön warm und sonnig (zum ersten Mal seit einer Woche!).

Und dann heißt es erst einmal umdenken, denn in Kanada gelten wieder Kilometer als Entfernungs- und Geschwindigkeitsmaße.

Doch die Umstellung gelingt schnell - und genauso schnell erreichen wir Vancouver - Kanadas 'Perle am Pazifik'.

Und diesen Namen trägt die Stadt zu Recht. Geradezu gemütlich erscheinen die Vorstädte und auch das Zentrum selbst hat nichts von der Gigantomanie amerikanischer Großstädte, die Hochhäuser sind bedeutend 'kürzer', die ganze Stadt atmet ein fast mediterranes Flair -

und der britische Einfluss ist natürlich auch überall zu spüren.

Vancouver ist an drei Seiten von Bergen umgeben, zur vierten Seite hin öffnet sich die Stadt dem Pazifik - eine traumhafte Lage.

Unsere Zeit nach dem Einchecken im Hotel, dem 'Days Inn Vancouver Downtown', nutzen wir bei dem schönen Wetter zu einem Orientierungsspaziergang durch die nähere Umgebung und zu einem wohltuenden Abendessen.

Anschließend machen wir uns auf zur Robson Street, der Hauptgeschäftsstraße von Vancouver, mit ihren Nebenstraßen, z.B. der Granville Street, einer verkehrsberuhigten Zone.

In diesem Viertel 'steppt der Bär'. Wie in unseren Fußgängerzonen reiht sich Geschäft an Geschäft, Kneipen, Restaurants und Straßencafés laden zum Ausruhen ein, man kann dort stundenlang sitzen und 'Leute gucken'.

Das Stöbern in den vielen kleinen Souvenirshops macht sehr viel Spaß - und natürlich müssen wir auch wieder einige Souvenirs kaufen.

Da es wirklich ein lauer Abend ist, kommen wir erst sehr spät zu unserem Hotel zurück.

8. Tag: Freitag, 07. Juli 2000: Vancouver

Wie immer wird zuerst gefrühstückt, ausnahmsweise sogar im Hotel. Anschließend rauche ich vor der Tür die obligatorische 'Frühstückszigarette'.

Und natürlich bin ich nicht die einzige Nikotinsüchtige, es haben sich schon einige andere hier versammelt.

Durch die gemeinsame Leidenschaft komme ich sehr schnell mit meinen 'Leidensgenossen' ins Gespräch und erfahre, dass sie von hier mit einem Luxusliner zu einer Kreuzfahrt in die Gewässer vor Alaska starten werden. Ich schildere kurz unsere weiteren Pläne und man wünscht sich gegenseitig viel Spaß.
Ich merke, Raucher sind hier überall wirklich nette und kommunikative Menschen, das wird mir im weiteren Verlauf der Reise noch häufig positiv auffallen.

Auch heute ist das Wetter hervorragend!

Also machen wir uns auf zu einem Spaziergang am Hafen entlang zum Stanley Park, dem 400 Hektar großen, auf einer Halbinsel gelegenen 'Stadtpark' von Vancouver.

In diesem Park gibt es zahlreiche Sehenswürdigkeiten, z.B. den Zoo und das Aquarium von Vancouver, und jede Menge neugieriger Eichhörnchen.
Unter den riesigen alten Bäumen des Parks lässt es sich herrlich spazieren gehen, zum Teil direkt am Wasser entlang.

An einer Stelle des Parks begann man vor vielen Jahren, alte Original-Indianer-Totempfähle aufzustellen, da geplant war, hier ein Freilicht-Indianermuseum zu errichten. Aus dem Plan wurde leider nichts, doch die Totempfähle blieben und sind wirklich sehr imposant.

Totempfähle im Stanley Park

Da der Park so riesig ist, verkehrt dort eine eigene Buslinie, die einmal rund um das Gelände fährt und den

Fahrgästen an verschiedenen Stationen die Gelegenheit zum Ein- und Aussteigen bietet. So kann der ganze Park an einem Tag besichtigt werden. Aber für die Fahrt muss man passendes Kleingeld bereit halten, das dann im Bus nur in einen Behälter eingeworfen wird.

Die Fahrer haben kein Wechselgeld dabei, da sie auf der manchmal recht einsamen Strecke früher häufig überfallen und ausgeraubt wurden. Wir haben natürlich Pech und kein passendes Geld dabei - also müssen (dürfen) wir laufen.

Trolley-Bus im Stanley Park

Um dann aber doch noch in den Genuss einer Busfahrt zu kommen, besteigen wir nach unserem Parkrundgang einen normalen Linienbus, der uns zur Capilano Suspension Bridge bringen soll.

Also, hinein in den Bus, hinüber über die Lion's Gate Bridge, die der Golden Gate Bridge in San Francisco sehr ähnlich sieht, und nach wenigen Stationen wieder aussteigen.

Doch das hört sich einfacher an als es ist. An der Bustür befindet sich nirgends ein Knopf oder Griff zum Öffnen. Unsere Verwirrung sieht man uns wohl an, denn eine Mitpassagierin erklärt uns schnell, dass wir einfach auf die erste Stufe des Ausstiegs treten müssen - und siehe da, die Tür öffnet sich. Andere Länder - andere Türöffnungsmechanismen!

Laut Plan, den wir zuvor studiert haben, sind es von der Bushaltestelle nur wenige Meter bis zum Capilano Park.

Die Straße schlängelt sich in weiten Kurven und mit konstanter Steigung einen Berg hinauf, erst 200 Meter, dann 500 Meter, 800 Meter ... nach 1,5 Kilometern rinnt uns bereits der Schweiß von der Stirn, nur von dem Park und der Hängebrücke ist weit und breit noch nichts zu sehen.
Erst nach mehr als 2 Kilometern Fußmarsch erreichen wir völlig fertig den Capilano Park, eine weitere Attraktion von Vancouver.

Hier überspannt seit mehr als 100 Jahren die Capilano Suspension Bridge, eine 70 Meter hohe und fast 140 Meter lange Hängebrücke, den Capilano River.

Diese Brücke ist das Herzstück des heutigen Freizeitparks, der ursprünglich einmal das Anwesen eines Pioniers und seiner Familie gewesen ist, deren damals hartes und einfaches Leben im zugehörigen Museum äußerst anschaulich dokumentiert wird.

Diese Brücke hat es wirklich in sich und ist nur etwas für jemanden, der schwindelfrei und auch 'seefest' ist, denn wenn man die Brücke begeht, gerät sie gewaltig ins Schwingen und man hat sehr schnell das Gefühl auf einem Schiff auf hoher See zu sein.

Doch wer die Überquerung wagt, wird auf der anderen Seite der Schlucht mit einem Rundgang durch eine herrliche Parklandschaft belohnt.

Die Capilano Suspension Bridge

Nach diesem 'Abenteuer' nehmen wir für den Weg zurück in die Stadt wieder den Bus, doch dieses Mal fin-

den wir die richtige Buslinie und Haltestelle, nur wenige
Meter vom Capilano Park entfernt.

Am Abend bummeln wir zum Abschied von dieser
schönen Stadt ein letztes Mal über die Robson Street.

9. Tag: Samstag, 08. Juli 2000:
Vancouver - Kamloops

Nach dem Frühstück verlassen wir Vancouver, um uns
auf den ca. 430 km langen Weg nach Kamloops zu
machen.

Wohl um uns den Abschied zu erleichtern, hat sich das
Wetter prompt wieder verschlechtert, es ist kühl, be-
deckt und hin und wieder regnet es leicht.

Die Strecke führt in östliche Richtung zunächst durch
New Westminster, die älteste Stadt der Provinz British
Columbia. Von hier aus zogen Mitte des 19. Jahrhun-
derts die Goldgräber in die Cariboo-Region.

Wir befinden uns auf dem Trans-Canada Highway, der
kurz hinter New Westminster den gewaltigen Fraser
River kreuzt. Ab hier besteht die Landschaft aus satt-
grünen Wäldern, Feldern und Plantagen, dazwischen
Scheunen mit roten Dächern und silberne Silos, eben
reines Bauernland.

Wir fahren dann durch den Ort Hope, der dem Klischee
eines verschlafenen Bergnestes absolut entspricht und
darum wohl 1981 als Kulisse für den Film 'Rambo' mit
Sylvester Stallone diente.

Weiter nördlich befindet sich dann der Fraser Canyon, eine Schlucht, wo der Fraser River so wild verläuft, dass er den Namen 'River of no return' (Fluss ohne Wiederkehr, den Marilyn Monroe im gleichnamigen Film besang) wirklich verdient. Allerdings fanden die Dreharbeiten zu diesem Film nicht hier am Originalschauplatz statt.

Neben dem Trans-Canada Highway verläuft in dieser Gegend nicht nur der immer schmaler werdende Fraser River, sondern auch der Schienenstrang der 'CPR', der Canadian Pacific Railroad, ist fast immer in Sichtweite.
Die Güterzüge, die hier entlang fahren, sind absolut gigantisch.
Auf der langen Fahrtstrecke sehen wir einige Male bis zu drei große Lokomotiven, die mehr als 150 Güterwagen hinter sich herziehen.
Die Ansiedlungen dagegen werden immer seltener und kleiner, je weiter wir in Richtung Berge kommen.

Doch immer wieder sieht man Wildwasser-Kanuten, denn Rafting ist hier wohl der Sport überhaupt und der Ort Spences Bridge, mit nur 300 Einwohnern, ist lt. unserem Reiseführer so etwas wie das Mekka der Rafter.

Schließlich ist nur noch Landschaft rings um den Highway zu sehen, der nun schnurgerade dem Thompson River folgt.
Das Land wird von diesem Fluss aus bewässert und bei Walhachin sind rechts von der Straße Überreste eines hölzernen Aquädukts von ca. 1900 zu sehen, das englische Siedler damals gebaut haben.

Schließlich erreichen wir Kamloops, die größte Stadt im Landesinneren von British Columbia, mit ca. 150.000 Einwohnern, eine klassische Rancherstadt.

Hier beziehen wir Quartier im 'Coast Canadian Inn', anschließend wird erst einmal ausgiebig gegessen und dann noch ein wenig der Ort erkundet, von dem wir jedoch etwas enttäuscht sind, denn an touristischen Attraktionen hat er kaum etwas zu bieten.

Also beschränken wir uns aufs Shoppen, was unser Gepäck natürlich wieder einmal etwas anwachsen lässt.

10. Tag: Sonntag, 09. Juli 2000:
Kamloops - Jasper

Für uns beginnt der Tag erneut mit frühem Aufstehen, Koffer packen, frühstücken (in Kanada ist das Frühstück auch nicht anders als in den USA - meist warm und üppig - nur der Kaffee ist etwas besser) und dann geht es weiter Richtung Norden.
Diesmal sind es ca. 450 km, die wir bis nach Jasper im gleichnamigen Nationalpark bewältigen müssen.

Wir fahren auf dem Yellowhead Highway, der auch am Thompson River entlang verläuft, durch die Cariboo Mountains, früher einmal ein großes Goldgräbergebiet.

Die Landschaft ist, im Gegensatz zum Wetter, traumhaft:
Berge, rauschende Flüsse, Wälder – wir kommen in die kanadischen Rocky Mountains, vorbei am Mount Rob-

son, mit 3954 Metern der höchste Gipfel hier, und dann sind wir im Jasper National Park.

Neben dem Highway verläuft der Moose Lake, quasi die Quelle des Fraser River, der von hier fast 1400 Kilometer bis Vancouver zurücklegt, wo er dann in den Pazifik mündet.

Einige Kilometer weiter fahren wir über den 1131 Meter hohen Yellowhead Pass und erreichen damit die Provinz Alberta.

Ab hier müssen wir für die nächsten Tage unsere Uhr umstellen, denn es gilt die 'Mountain Time' und im Vergleich zur 'Pacific Time' verlieren wir eine Stunde.

Am Nachmittag erreichen wir Jasper, einen sehr schön gelegenen Ort inmitten von einigen mehr als 3000 m hohen Bergen.

Das Städtchen mit nur rund 4000 Einwohnern ist Ausgangspunkt für Fahrten und Wanderungen durch den Jasper National Park und bietet alles, was ein Tourist sich wünscht: Freizeitmöglichkeiten, Restaurants, Souvenirshops, etc.

Unser Quartier für die kommende Nacht ist das 'Jasper Inn', eine weitläufige, parkähnliche Motelanlage.

Unser Zimmer verfügt sogar über einen eigenen Balkon, auf dem wir es uns dann am Abend noch ein Weilchen bequem machen, trotz des relativ ungemütlichen Wetters, das uns hier in den Rocky Mountains wieder einmal eingeholt hat.

11. Tag: Montag, 10. Juli 2000:
Jasper National Park - Lake Louise - Banff National Park - Banff

Nach dem üblichen Frühstücks- und Packritual machen wir uns zunächst auf den Weg von Jasper zum Maligne Lake, laut Reiseführer ein wahres Schmuckstück: ein klarer See inmitten des Jasper National Park.

Doch auch an diesem Morgen regnet es und der See zeigt sich uns von seiner tristen Seite.

Alles ist grau in grau und die kleinen Ausflugsboote liegen unbenutzt am Anleger. Niemand hat bei diesem Wetter Lust, einen Ausflug auf dem See zu machen.

Von den Berggipfeln ringsum ist sowieso nichts zu sehen, sie liegen hinter den tiefhängenden dunklen Wolken versteckt.

Nach einem entsprechend nur kurzen Aufenthalt fahren wir weiter zum Maligne Canyon und auf diesem Weg machen wir ganz nah Bekanntschaft mit einem recht großen Wapiti-Hirsch, der hier seelenruhig direkt neben der Straße äst und sich von den vorbeifahrenden Fahrzeugen überhaupt nicht stören lässt.

Entgegen den Empfehlungen für das Verhalten in Nationalparks halten wir an und steigen aus, um einige Fotos zu machen.

Doch auch wir können das Tier bei seinem Mahl nicht stören, der Hirsch ignoriert uns geflissentlich.

Wapiti-Hirsch

Der Maligne Canyon ist ein absolutes Naturerlebnis!

Der Maligne River hat sich über die Jahrtausende tief in die Felsen eingegraben.
Das Wasser tost mit einem gewaltigen Lärm durch die Schlucht, bildet Wasserfälle oder Strudel, dann wieder ganz ruhige, harmlos wirkende Abschnitte – einfach grandios!

Die Kraft der Natur ist förmlich überall zu spüren.

In den Felsen sind die verschiedenen Wasserstände der einzelnen Epochen wie 'Jahresringe' eingemeißelt.

Wir können uns von diesem Naturwunder nur sehr schwer losreißen, doch irgendwann muss es sein.
Schließlich steht uns noch die ca. 290 km lange Etappe mit dem heutigen Tagesziel Banff bevor.

Eine eindrucksvolle Ansicht des Maligne Canyon

Also machen wir uns auf den Weg, nunmehr wieder in Richtung Süden.

Die Fahrt führt über den Icefields Parkway, die berühmteste Panorama-Route in Kanada, 230 Kilometer durch die schönsten und höchsten Regionen der Rocky Mountains - unbeschreiblich.

Die Straße wurde bereits 1940 eröffnet, dann 1962 ausgebaut und mit zahllosen Aussichtspunkten versehen, wobei die zulässige Höchstgeschwindigkeit das Rasen verbietet und somit genügend Gelegenheit zum Betrachten der Landschaft auch während der Fahrt gegeben ist.

Die Strecke bietet alles: Wasserfälle, Berge, Täler, kleine Seen und auch reichlich Tiere, wie z.B. Bergziegen und zottelige Bergschafe.
Diese sind einmal auch die Ursache für einen Stau, in den wir auf dieser Strecke geraten, da sie gemächlich von einer Seite der Straße zur anderen wechseln - und die Tiere haben hier im Nationalpark nun einmal 'Vorfahrt'!

Wir fahren dann aber doch relativ schnell weiter, vorbei an Athabasca Falls, Athabasca Valley, Sunwapta Gorge, durch das Tal des Sunwapta River weiter zum absoluten Highlight des Icefield Parkway:

Der Athabasca-Gletscher, der zwischen den 3000er Gipfeln fast 6 Kilometer bis in die Talsohle herab führt.
Dieser Gletscher fließt aus dem riesigen Columbia Icefield, das in über 2800 Metern Höhe liegt.

Dies ist, hier an der kontinentalen Wasserscheide, die größte Ansammlung von Eis südlich des Polarkreises, mit über 300 Metern Dicke und auf einer Fläche von 325 Quadratkilometern.

Die cleveren Kanadier haben diese naturgegebene Attraktion gleich 'touristengünstig' ausgeschöpft.
Unterhalb des Gletschers wurden unweit der Straße Parkplätze angelegt, gegenüber, auf der anderen Stra-

ßenseite, wurde ein Tourist Center errichtet, in dem man sich über alles Wissenswerte bezüglich des Gletschers informieren kann und wo auch Touren mit dem Snowcoach gebucht werden können.

Mit diesem Raupenfahrzeug wird man auf den höher gelegenen Bereich des Gletschers gefahren, wo eine strahlendweiße Schneefläche vorhanden ist.

Von dem unterhalb des Gletschers gelegenen Parkplatz gelangt man zu Fuß bis an die (leider) schmutzig-graue 'Stirn' des Gletschers, wo große Verbotstafeln vor dem Weitergehen warnen, denn es können sich durchaus Gletscherspalten und andere Gefahrstellen unter der Schneeoberfläche befinden.

Doch viele Touristen lassen sich natürlich nicht davon abhalten, verbotene Wege zu betreten - mit Turnschuhen auf dem Gletscher, das hat natürlich was!

Mitten im Sommer auf dem Gletscher, das hat was!

Nachdem wir hier ausgiebig die Auslöser unserer Foto-apparate und Videokameras betätigt haben, geht es weiter, immer höher bis über die Baumgrenze hinauf zum 2.035 Meter hohen Sunwapta Pass, der die Grenze zwischen dem Jasper und dem Banff National Park bildet.

Von hier führt die Straße flussabwärts am Saskatchewan River entlang, der von Saskatchewan River Crossing aus 3000 Kilometer weit bis zur Hudson Bay fließt.

Rechts und links des Flusses liegen breite, kahle Kies-bänke, die auf die großen Überschwemmungen des Flusses während der Schneeschmelze hindeuten.

Wir sind wirklich mitten drin in den Rocky Mountains!

Hinter jeder Wegbiegung tauchen neue schneebedeckte Gipfel auf: der Mount Murchinson, der Mount Cheph-ren, der tatsächlich wie eine Pyramide aussieht.

Die Straße schlängelt sich in Serpentinen hoch zum Bow Pass und zum Bow Summit, dem mit 2088 Metern höchsten Pass am Icefields Parkway.

Dann geht es wieder abwärts, vorbei an einigen herrli-chen Seen, anschließend durch dichten, grünen Nadel-wald, durch den auf der rechten Seite hin und wieder die weißen Gipfel der 3600 Meter hohen Main Ranges, dem Hauptkamm und 'Rückgrat' der Rocky Mountains zu sehen sind.
Auf unserer linken Seite befinden sich die Front Ran-ges, von denen ein Teil schon die letzten Bergzüge vor den Prärien im Osten sind.

Schließlich gelangen wir zu einem recht unscheinbaren Dorf, dem jedoch nur ein paar hundert Meter weiter ein weiterer Höhepunkt der heutigen Etappe folgt:
Lake Louise, der (angeblich) schönste Gletschersee der Rocky Mountains.

Einer indianischen Sage zufolge ist am Grund des Sees der Regenbogen mit all seinen Farben zu Hause und manchmal soll er aus der Tiefe nach oben hin strahlen.

Auf manchen Fotos, die wir vorher bereits von diesem See gesehen haben, erscheint diese Idylle wirklich so, doch heute zeigt sich uns der See von seiner tristen Seite.
Das Wetter ist noch immer grau in grau, es ist kühl - und Tausende von Touristen bevölkern das Ufer des Sees oder fahren darauf mit Booten herum.

Der Lake Louise

Gänzlich getrübt wird der ganze Anblick von dem riesigen Hotel am Ufer und dem Touristen-Trubel davor und darin, gekrönt von Original Schweizer Alphornbläsern, die die ankommenden Gäste begrüßen.

All das lädt uns nicht gerade zu einem längeren Aufenthalt ein und so fahren wir bald weiter nach Banff, dem Hauptort des gleichnamigen Nationalparks.

Wir fahren direkt zu unserem Hotel, dem 'Ptarmigan Inn', und machen uns nach einer kurzen Erfrischungspause auf, den Ort zu erkunden.

Banff trägt den Beinamen 'Garmisch der Rockies' und das wohl nicht ganz zu Unrecht.
An der Hauptstraße reihen sich Läden, Restaurants und Hotels aneinander und die Fassaden sehen zum Teil wirklich wie Alpenhäuser aus.

Die Andenkenläden sind voller Kitsch und Kunst und es 'wuselt' förmlich von überwiegend japanischen Touristen, die gleich mit einem großen Einkaufskorb durch die Regale streifen und fast ziellos alles einpacken, wenn es nur schön kitschig ist.

Gelegen in einem Talkessel, der ringsum von den fast 3000 Meter hohen Gipfeln der Rockies umgeben ist, dient Banff als Ausgangsbasis für ausgedehnte Touren durch diese Bergwelt und genießt auch den Ruf eines erstklassigen Wintersportortes.

Nach einem ausgiebigen Bummel durch den Ort, trotz des nach wie vor schlechten Wetters, und nach einem schmackhaften Abendessen kehren wir zu unserem Hotel zurück.

Da unser Tourprogramm recht straff gefasst ist, freuen wir uns auf einen erholsamen Schlaf, um fit für die nächsten Tage zu sein.
Doch in dieser Nacht ist an Schlaf nicht viel zu denken.

Kaum, dass wir uns hingelegt haben, durchdringt der Lärm von rauschendem Wasser das ganze Zimmer – und dieser Lärm hält fast die ganze Nacht über an.

Wir haben das Zimmer unter der Hotelwäscherei erwischt und bei der Leichtbauweise des Gebäudes hört es sich wirklich so an, als würde das Wasser direkt durch unseren Raum strömen, unaufhörlich!! Na dann, gute Nacht!

12. Tag: Dienstag, 11. Juli 2000:
Banff - Kalispell

Nach dieser Nacht, obwohl total unausgeschlafen, sind wir froh, weiter zu kommen, denn wir sind sicher, dass uns so etwas wohl nicht wieder passieren wird.

Also machen wir uns auf unseren weiteren Weg, der heute, nach ca. 475 km Fahrt, in Kalispell enden soll.

Und Kalispell befindet sich in den USA, in Montana, also werden wir heute wieder die Grenze überqueren.

Zunächst führt die Route durch den Kootenay National Park, der vom Banff National Park kaum zu unterscheiden ist: ebenfalls hohe, schneebedeckte Gipfel, ab und zu ein kleiner See, an der Straße immer wieder Aussichtspunkte – alles wie gehabt.

Danach verläuft die Strecke parallel zur Westflanke der Rocky Mountains immer weiter in Richtung Süden, über den Vermillion Pass.

Das einzige, das sich ändert, je weiter wir nach Süden kommen, ist das Wetter.
Der Himmel wird immer heller, die Wolkendecke reißt nach und nach auf, und als wir in Radium Hot Springs ankommen, ist es richtig sommerlich.
Der Ort ist benannt nach den heißen Quellen, die schon von den Indianern genutzt wurden, die ihnen wundersame Heilkräfte zuschrieben.

Hier machen wir eine längere Rast und entscheiden uns für einen Spaziergang durch den Wald, der hier direkt neben der Straße liegt.

Der schmale Pfad führt immer weiter einen Berg hinauf und schließlich finden wir uns an einem Aussichtspunkt auf einem Felsvorsprung wieder, von wo wir senkrecht nach unten auf die Straße schauen können, deren Trasse hier durch die Felsen gesprengt worden ist – ein toller Ausblick!

Wir wandern weiter und schließlich trifft der Pfad wieder auf die Straße, die wir nun zurückgehen zu unserem Wagen – und diesmal gehen wir durch diesen Engpass hindurch, wobei der Blick von unten nach oben genauso faszinierend ist wie umgekehrt.

Diese Stelle ist ein beliebter Film- und Fotospot, wir beobachten sogar einen Pulk Motorradfahrer, von denen der 'Anführer' so schnell voraus gefahren ist, dass er sich hinter der Leitplanke postieren und seine Freunde bei der Durchfahrt filmen kann.

Auch wir filmen dieses Stück Straße und zwar vom Auto aus, als wir selbst dann wieder diese Stelle bei unserer Weiterfahrt passieren.

Jeweils die gleiche Stelle, einmal von unten, einmal von oben!

Weiter in Richtung Süden geht die Fahrt, durch das breite Tal des Columbia- und Kootenay River, vorbei am Windermere Lake und dem Columbia Lake.

In diesem Tal reiht sich ein Ferienort an den nächsten und noch immer hat man bei manchen das Gefühl, in den Alpen zu sein, selbst die Hotels haben Namen wie 'Haus Rosi' o.ä.

So allmählich lassen wir die Rocky Mountains hinter uns, die Landschaft wandelt sich zu dünn besiedeltem Farmland.

Wir machen noch einen Abstecher nach Fort Steele, einer alten Geisterstadt, die aber als Touristenattraktion 'wiederbelebt' worden ist.

Hier herrscht natürlich der übliche Touristenrummel und wir ziehen uns zu einem kleinen Picknick auf dem schattigen Parkplatz zurück, denn mittlerweile entspricht das Wetter tatsächlich der Jahreszeit: Es ist sonnig und sehr warm.

Im weiteren Verlauf der Fahrt kommen wir am Nordende eines 110 Kilometer langen Stausees vorbei, der in den USA am Libby Dam gestaut wird: Lake Koocanusa. Hört sich indianisch an, ist aber eine Wortschöpfung aus Kootenay, Kanada und USA – Einfälle haben die Leute!

Einige Kilometer weiter erreichen wir dann die Grenzstation Port of Roosville, klein und verträumt.

Wir rechnen damit, den Grenzübertritt ganz schnell hinter uns zu bringen – aber Irrtum. Da außer uns nur noch ein einzelner Truck die Grenze passieren will, haben die Beamten sehr viel Zeit und Muße, sich um uns zu kümmern.

Wir dürfen unseren Wagen vor der Grenzstation parken und dem Zöllner ins Gebäude folgen. Hier werden dann unsere Pässe zunächst einer gründlichen Prüfung unterzogen. Und dann findet der Herr auch das 'Haar in der Suppe', nach dem er wohl so gründlich gesucht hat:

Unsere 'Green Cards', die 'Einreisekarten', die wir schon während des Fluges von Europa in die USA ausfüllen mussten und die uns als Touristen ausweisen, sind von den Zöllnern am Airport in San Francisco nicht ordnungsgemäß am dafür vorgesehenen Heftrand in unsere Pässe eingeheftet worden, sondern liegen nur lose darin! Das ist gegen die Vorschriften, wozu ist der Heftrand schließlich da.

Der Zöllner zitiert sofort eine junge Kollegin herbei, die wohl noch in der Ausbildung ist und erläutert ihr in epischer Breite, wie diese Karten in die Pässe zu heften sind und dass die Kollegen auf den Flughäfen wohl überhaupt keine Ahnung hätten, etc., etc.

Anschließend wird dies alles auch uns nochmals erläutert, bevor die beiden sich daran machen, die Karten entsprechend ordentlich in unsere Pässe zu heften.

Nach fast zwanzig Minuten endlich ist dies alles erledigt und uns wird gnädig die Wiedereinreise in die USA gestattet.

Interessant übrigens, dass dieser Zöllner 'Schultz' heißt und wahrscheinlich von deutschen Beamten abstammt.....

Am Nachmittag erreichen wir dann Kalispell, ein nettes Westernstädtchen, und beziehen unser Quartier im 'Kavanaugh's at Kalispell Center', einem Hotel, das mitten in einer Einkaufs-Mall gelegen ist, recht komfortabel, mit Swimming Pool, etc.

Hier nehmen wir uns erst einmal die Zeit, Postkarten nach Hause zu schreiben und danach machen wir uns auf die Suche nach einem Postamt, um diese Karten zu frankieren und auf die Reise zu bringen.

Die uns bedienende Postangestellte ist sehr nett und hilfsbereit, sie legt uns gleich eine ganze Auswahl an Briefmarken mit verschiedenen Motiven vor und zeigt sich ganz interessiert, als sie hört, dass wir unsere Karten nach Deutschland verschicken wollen.

Überhaupt ist es die Freundlichkeit und Offenheit der Menschen, die uns überall positiv auffällt. Selbst Fremde auf der Straße begegnen sich häufig mit einem Lächeln.

Ganz gleich, ob Verkäufer in Geschäften, Mitarbeiter in Touristenbüros, Kellnerinnen, Tankwarte: alle sind stets nett und freundlich, dabei jedoch niemals aufdringlich, sondern wirklich interessiert, vor allem, wenn sie während des Gespräches erfahren, dass wir aus 'Germany' sind.

Viele der Menschen, die wir im Verlauf unserer Reise treffen, sprechen entweder ein paar Brocken Deutsch oder kennen jemanden aus Deutschland oder jemanden, der Deutsche kennt. Und jedes Mal sind die Leute dann ganz stolz, wenn sie ihre Kenntnisse auch anbringen können.

Und wie schon an anderer Stelle erwähnt, sind es immer wieder die Raucher, mit denen wir die nettesten Gespräche führen. Wahrscheinlich ist es das gemeinsame Gefühl des 'Ausgesperrtseins', das dazu führt, dass immer gleich ein Kontakt entsteht.

Da in den USA die Geschäfte immer sehr lang geöffnet sind, bummeln wir am Abend dann noch durch das Einkaufszentrum, zu dem unser Hotel gehört.

Natürlich ist unsere Ausbeute an Souvenirs auch diesmal wieder recht erklecklich - es kann nicht mehr lange dauern und ein neues, zusätzliches Gepäckstück wird fällig, um all die Dinge verstauen zu können.

13. Tag: Mittwoch, 12. Juli 2000:
Kalispell - Glacier National Park - Missoula

Nach dem Frühstück im Hotel machen wir noch einen kleinen Spaziergang, denn unsere heutige Etappe nach Missoula ist nur ca. 340 km lang.

Auf diesem Weg machen wir einen Abstecher zu einem weiteren kleinen 'Highlight' unserer Rundreise: Wir fahren durch den Glacier National Park.

Unsere Tour beginnen wir am westlichen Eingang des Parks, am Lake McDonald, der glasklar und ringsum von Bergen umgeben ist - eine echte Postkartenidylle. Wir machen zunächst einen kleinen Spaziergang und genießen die Ruhe, die hier am Vormittag noch herrscht.

Anschließend geht die Fahr weiter am McDonald Creek entlang und hinauf in die Berge. Vor uns erhebt sich eine hoch aufragende steile Felswand.

Wir haben den Eindruck, auf halber Höhe in dieser Steilwand ab und zu aufblitzende Punkte zu sehen, etwa wie fahrende Autos, was aber unserer Ansicht nach nur eine Sinnestäuschung sein kann - dort können doch keine Autos sein! Irrtum, wie sich bald herausstellen soll.

Sehr schnell ist von Ruhe nicht mehr viel zu spüren, wir stecken mitten in einer regelrechten 'Blechkarawane'.

Auto an Auto reiht sich auf der Straße aneinander und alle fahren genau dorthin, wo wir glaubten, es könne sich dort keine Straße befinden:

Wir sind auf der Going-to-the-Sun Road, einer Pass-straße, die als technische Meisterleistung gilt und zu Beginn der 30er Jahre fertiggestellt wurde.

Sie ist 80 km lang und schlängelt sich mit einer maximalen Breite von 5 m als einzige Straßenverbindung innerhalb dieses Nationalparks über den Kamm der Rockies und gilt weit und breit als **die** Panoramaroute überhaupt.

Auf dieser Straße dürfen nur Motorräder, PKW und spezielle parkeigene Kleinbusse fahren, alle größeren Fahrzeuge sind verboten.

Die Straße gewinnt zunehmend an Höhe, dabei 'klettert' sie immer haarscharf am Abgrund die Steilhänge hinauf.

Die Bewaldung an den Hängen wird immer lichter und bald erreichen wir die Baumgrenze.

Immer wieder kreuzen Wasserfälle unter der Straße hindurch, und an der 'weeping wall' stürzt Schmelzwasser direkt an einer Ausbuchtung auf die Straße.

Die 'Weeping Wall'

Hier hat sogar jemand seinen Wagen abgestellt, damit dieser 'gewaschen' wird.

Wir fahren weiter bergauf, immer mit einer maximalen Geschwindigkeit von 15 Meilen, denn zum einen ist auf dieser Strecke eine höhere Geschwindigkeit gar nicht erlaubt und zum anderen sind hier sowieso viel zu viele Autos unterwegs.

Dann geht plötzlich gar nichts mehr: Baustelle!

Wir nutzen den Zwangsaufenthalt zu Film- und Fotoaufnahmen von dieser grandiosen Gegend:

Links geht die Felswand steil nach oben, rechts geht der Abhang genauso steil nach unten - ohne Leitplanke!

Ein Teil der 'Going-to-the-Sun Road'

Es geht irgendwann doch weiter und wir erreichen auf 2036 Metern Höhe den Logan Pass, wo sich ein Visitor Center befindet. Entsprechend voll ist es hier.

Wir legen eine Rast auf dem Parkplatz ein und genießen den phantastischen Ausblick. Plötzlich raschelt es im Buschwerk neben uns: Eine Bergziege und ihr Junges schauen neugierig und ohne Scheu hervor - ein Fotomotiv wie bestellt.

Gerne würden wir hier auch einen Blick auf den Hidden Lake werfen, der saphirblau etwas abseits von der Straße inmitten der Berge liegt. Aber leider drängt unsere Zeit nun doch und wir fahren weiter, ab jetzt immer bergab.

Vorbei geht es am St. Mary Lake, einem Restsee der Eiszeit, wo wir wiederum anhalten und den herrlichen Ausblick auf die umgebenden Berge genießen.

Nachdem wir die 'Going-to-the-Sun Road' bewältigt haben und wieder auf 'sicherem Boden' angekommen sind, machen wir einen Abstecher nach Browning, dem Zentrum der Blackfeet-Indianer, doch eine Attraktion ist diese triste Ansiedlung von Blechhütten wahrlich nicht.

Leider ist der Umgang der US-Amerikaner mit den Ureinwohnern ihres Landes häufig genug noch wirklich ein Kapitel für sich.

Schließlich fahren wir zurück Richtung Kalispell, dabei hoffen wir, in der Nähe von Ravalli einige von den dort auf der National Bison Range lebenden Büffeln beim Grasen beobachten zu können.
Leider haben die Tiere wohl etwas Besseres zu tun, als sich uns zu präsentieren und so warten wir eine ganze Weile vergeblich auf sie.

Schließlich fahren wir weiter und folgen der I-90 nach Westen.
Am frühen Abend erreichen wir schließlich Missoula, den Stützpunkt der Smokejumpers, der 'Feuerspringer' von Montana.
Diese Fallschirm springenden Feuerwehrleute werden hier ausgebildet, um die Waldbrände in entlegenen Gegenden zu bekämpfen. Außerdem ist Missoula Sitz der Universität von Montana.

Wir wohnen diesmal im 'Holiday Inn Parkside', einem recht komfortabeln Hotel am Rande des Stadtzentrums von Missoula.

Nachdem wir uns etwas frisch gemacht haben, starten wir zu einem Rundgang durch die Stadt, mit dem Ziel, irgendwo gemütlich zu Abend zu essen. Doch aus dem Vorhaben wird nichts.

Die ganze Gegend ist wie ausgestorben, bereits um 19.oo Uhr haben die wenigen Geschäfte, die überhaupt vorhanden sind, bereits geschlossen, von Restaurants o.ä. überhaupt keine Spur.
Und das in einer Großstadt an einem ganz normalen Wochentag - auch das gibt es im Land der unbegrenzten Möglichkeiten.

Es bleibt uns nichts anderes übrig, als zum Hotel zurückzukehren, unseren Wagen zu nehmen und uns auf die Suche nach etwas 'Essbarem' zu machen, wobei wir schließlich (an der Interstate!) in einem Fast Food Restaurant landen, da uns die Suche nach anderen Lokalitäten einfach zu lange dauert.

Wieder einmal fallen wir dann relativ früh total erschöpft ins Bett und träumen dem nächsten 'Highlight' unserer Reise entgegen.

14. Tag: Donnerstag, 13. Juli 2000: Missoula - West Yellowstone

Heute machen wir uns sehr früh auf den Weg, denn einerseits hält uns wirklich nichts in Missoula, andererseits können wir es kaum erwarten, unser heutiges Tagesziel zu erreichen, den Yellowstone National Park.

Und bis dorthin liegen ca. 450 Kilometer Fahrtstrecke vor uns.

Kurz hinter Missoula kommen wir vorbei am größten Feuerwehr-Trainingszentrum der Welt. Hier werden Feuerwehrleute unter möglichst realistischen Bedingungen für den Einsatz bei Katastrophen geschult.
Von der Straße aus hat man einen guten Überblick über das Gelände. Halb an einem Berghang liegend ist das Wrack eines Boeing-Flugzeuges erkennbar und nicht weit davon entfernt steht ein ausgebrannter Zug.

Wir fahren auf der Interstate 90 in östlicher Richtung über Butte, den Ort, der im 19. Jahrhundert der größte Kupferproduzent der Welt war.
Heute sind die Minen alle stillgelegt, genau wie die Schmelzöfen in der Nachbarstadt Anaconda.

Interessant sind in Butte die 4500 restaurierten viktorianischen Gebäude im Butte National Historic Landmark District in der Innenstadt, aber sonst hat der Ort nicht viel Sehenswertes zu bieten.
Die stillgelegten Gruben kann man von einer Aussichtsplattform besichtigen, wobei die Berkeley Pit wohl ganz sehenswert ist, denn sie ist 1,5 Kilometer breit und 600 Meter tief.

Wir halten uns jedoch nicht lange auf und fahren weiter nach Bozeman, benannt nach John Bozeman, einem Pfadfinder, der die ersten Pioniere in das Gallatin-Tal führte.

Den Bozeman-Trail gibt es heute noch; zu Zeiten der Besiedelung des Westens war diese Gegend das Kampfgebiet zwischen Siedlern und Indianern und Bozeman wurde bei einem Angriff der Sioux getötet.

An jeder Ecke merken wir, dass wir hier mitten im alten 'Wilden Westen' sind.

Wir fahren vorbei an Livingston, der Heimat von Calamity Jane.
Überall erinnern originalgetreue Wildwest-Bauten an die legendäre und ereignisreiche Vergangenheit dieser Gegend.

Unweit von Livingston beginnt dann das Paradise Valley, das sich am Yellowstone River entlang erstreckt, umgeben von den mächtigen Absaroka Mountains, den höchsten Bergen in Montana.

Die Natur in diesem Tal ist traumhaft, mit Seen, dichten, grünen Wäldern und weiten Ebenen.
Das alles, verbunden mit dem strahlenden Sonnenschein und den warmen Temperaturen, lässt jetzt so richtig Urlaubsstimmung aufkommen.

Schließlich gelangen wir direkt zum nördlichen Eingang des Yellowstone Park. In dem kleinen Ort Gardiner, der sich noch in Montana befindet, machen wir erst einmal Pause und beim Aussteigen aus dem klimatisierten Wagen schlägt uns förmlich heiße Luft entgegen.

Wir sind endlich im Hochsommer angekommen!

Nach einer kurzen Erfrischung setzen wir erwartungsvoll unsere Reise fort. U
nser Quartier für die kommenden zwei Nächte ist das 'Stage Coach Inn' im Ort West Yellowstone, am westlichen Ende des Parks (auch in Montana) und entspre-

chend müssen wir den Park heute zu einem Viertel durchqueren.

Das hört sich nach einer kurzen Strecke an, aber der Yellowstone National Park ist insgesamt ca. 5550 Quadratkilometer groß und wir wollen die Fahrt ja auch dazu nutzen, uns hier umzusehen und nicht nur stur 'Kilometer fressen'.

Also überqueren wir die Staatsgrenze nach Wyoming und befinden uns im Yellowstone National Park, der 1872 gegründet wurde und somit der älteste (und wahrscheinlich berühmteste) Nationalpark der USA ist.

Die Landschaft ist überwältigend.
Seen, Wälder, weite Prärien, Canyons, bis zu 3000 m hohe Berge - und zahlreiche Geysire, kochendheiße Quellen und so genannte 'Schlammtöpfe'.
Man nennt den Yellowstone nicht umsonst das 'Wunderland des Vulkanismus'.

Vor allem freuen wir uns darauf, hier endlich auch jede Menge Tiere beobachten zu können.

Schon auf der Fahrt nach West Yellowstone sehen wir immer wieder Hirsche am Straßenrand, aber auch tatsächlich eine Elchkuh mit ihrem Jungen - nur leider keine Grizzly-Bären, denn diese wurden von den Rangern in abgelegene Bereiche im Norden des Parks umgesiedelt.

Im Ort Mammoth Hot Springs halten wir an, um uns im Visitor Center mit ausführlichem Informationsmaterial über den Park zu versorgen.

Direkt vor dem Visitor Center steht die, wie wir glauben, Gipsfigur einer Hirschkuh.

Erst beim Näherkommen merken wir, dass es keine Figur ist - das Tier ist echt und macht hier mitten unter Hunderten von Touristen ohne Scheu einen Bummel durch den Ort!

Scheinbar wissen die Tiere, dass sie in diesem Park unter Schutz stehen und ihnen niemand etwas tun darf.

Mal sehen, ob im Ort heute mehr los ist als im Wald!

Bei der Weiterfahrt in erst südlicher, dann westlicher Richtung auf West Yellowstone zu, sind die Spuren des riesigen Brandes von 1988 deutlich zu erkennen.

Damals ist die Hälfte des Baumbestandes verbrannt. Überall sind statt grüner Wälder nur 'abgebrannte Streichhölzer' rechts und links der Straße zu sehen.

Die Parkleitung verfährt nach dem Prinzip, die Natur sich selbst zu überlassen, also wurden diese verbrannten

Wälder nicht, wie in anderen Parks, gerodet und neu bepflanzt, sondern man wartet einfach ab.

Und tatsächlich ist an vielen Stellen bereits wieder neues Grün zwischen den schwarzen Baumresten zu erkennen.

Schließlich verlassen wir den Nationalpark wieder, dessen größter Teil in Wyoming liegt, und erreichen West Yellowstone, das seinerseits zu Montana gehört, und wir finden auch sehr schnell unser Hotel, ein uriges Gebäude im Stil einer Lodge.
Zuerst heißt es, sich frisch machen und danach machen wir uns auf, uns mit einem guten Essen zu stärken.

West Yellowstone besteht aus nur zwei Haupt- und einigen wenigen Nebenstraßen, aber es reiht sich Geschäft an Geschäft, Restaurant an Restaurant, und überall Touristen. Wir genehmigen uns eine Riesenportion Spaghetti und machen anschließend einen Rundgang durch den Ort.

In allen Geschäften gibt es den üblichen Touristenramsch, aber es macht einfach Spaß, in diesem Kitsch nach ausgefallenen Souvenirs zu suchen. Und das ist ganz schön anstrengend!

Also gönnen wir uns im Einkaufszentrum, das aus sage und schreibe 5 kleinen Geschäften besteht, eine Erholungspause und betrachten, gemütlich auf einer Bank sitzend, das Treiben um uns herum.

Dabei beobachten wir einen jungen Mann, der sein Geld damit verdient, Touristen mit Tattoos zu schmücken, die nur einige Wochen halten und dann wieder verschwinden.

Der Künstler arbeitet 'frei Hand' und verschönert auf diese Weise das Fußgelenk eines jungen Mädchens mit einem indianischen Motiv, das einmal rund um das Fußgelenk verläuft.
Als er sein Werk vollendet hat, können wir uns ein mitleidiges Lachen nicht verkneifen, denn selten haben wir ein so schiefes und unansehnliches Tattoo gesehen.

Auch das Mädchen ist sichtlich unzufrieden mit der Arbeit, die wahrscheinlich auch noch reichlich Geld gekostet hat, und es holt ganz aufgeregt seine Mutter dazu. Gemeinsam reden beide dann auf den jungen Mann ein, doch der nimmt sich von der Reklamation nichts an, sondern setzt ungerührt sein Werk an einem weiteren 'Opfer' fort.

Wir bummeln schließlich weiter und lassen dann später am Abend den Tag bei einem Eiskaffee auf der Terrasse eines Restaurants sitzend ausklingen.

Hier sehen wir übrigens auch das Mädchen mit dem Tattoo wieder, das jetzt völlig verwischt ist, aber nicht ganz verschwunden.
Es scheint als habe sie versucht, es abzuwaschen, doch jetzt sieht alles noch schlimmer aus.
Wie gut, dass wir nicht schadenfroh sind ...

Zurück im Hotel nutzen wir die Gelegenheit des zweitägigen Aufenthaltes zum Wäsche waschen, was jetzt, nach mehr als der Hälfte unserer Reise, auch dringend notwendig ist.

15. Tag: Freitag, 14. Juli 2000:
Yellowstone National Park

Als wir am Morgen früh vom Hotel losgehen, um in einem der Restaurants von West Yellowstone zu frühstücken, ist es noch ganz ruhig auf den Straßen.
Vom Trubel des Vortages ist (noch) nichts zu merken.

Nach dem Frühstück machen wir uns schnell mit dem Auto auf den Weg zurück in den Yellowstone Park, dessen südlichen Bereich wir heute erkunden wollen.

Diese Strecke ist gut 200 km lang und wir werden sicherlich den ganzen Tag brauchen, um alle Attraktionen zu sehen.

Von der Madison Junction führt unser Weg südlich bis zum Midway Geyser Basin.
Hier parken wir den Wagen und machen einen Rundgang durch eine Landschaft voller Geysire und brodelnder Schlammlöcher.

Die Luft ist wie in einer Sauna, heiß und feucht. Aus einigen der Schlammlöcher stinkt es extrem nach faulen Eiern, also Schwefel.

Es raucht gewaltig im Yellowstone National *Park*!

Es fällt uns schwer, uns von hier zu trennen, doch die Fahrt muss weitergehen, schließlich wartet der nächste Höhepunkt:

Old Faithful, der 'alte Getreue', eine Sprudelquelle, die ihre Fontäne in fast genau regelmäßigen Abständen von 80 Minuten aus der Erde bis in eine Höhe von beinahe 30 Metern zischen lässt.

Entsprechend weisen an dem hier natürlich auch befindlichen Visitor Center überall Schilder auf den nächsten Ausbruch hin.

Rings um die Quelle hat man in gebührlichem Abstand Bänke für die Besucher aufgebaut.
So sitzen dann alle wie in einem Theater und warten, gerüstet mit Film- und Fotokameras, auf die 'Vorstellung'.

Doch das Warten lohnt sich.
Mit einer kleinen Rauchfahne, die aufsteigt und wieder verschwindet, kündigt sich das Ereignis an.

Dann wird die Rauchfahne größer und kleine Wasserfontänen spritzen aus der Erde. Schließlich ein grummelndes Geräusch - und die Fontäne schießt in die Höhe, erst nur 5 Meter, dann mit neuem Schwung bis zu 10 Meter, schließlich wirklich fast 30 Meter hoch!

Jede Regung der Quelle wird von der Menge mit lauten Bewunderungsrufen und Applaus begleitet.

Nach gut 5 Minuten ist das Schauspiel vorbei und Old Faithful liegt wieder ruhig als trister, unauffälliger Krater in der strahlenden Sonne - bis zu seinem nächsten 'Auftritt' in knapp 80 Minuten.

Old Faithful - wie wir ihn in seiner ganzen Schönheit erlebt haben!

Wir machen noch einen kleinen Spaziergang zur Nachbarquelle, die sogar noch höhere Fontänen in den Himmel schießen soll - nur leider kann man deren sehr unregelmäßige 'Ausbrüche' nicht vorhersagen.

Und natürlich macht sie uns nicht das Vergnügen, gerade dann ihre Pracht zu entfalten, während wir darauf warten.

So setzen wir schließlich unsere Rundfahrt durch den südlichen Bereich des Parks fort zum Yellowstone Lake.

Dieser See hat eine Fläche von fast 220 km², von Nord nach Süd erstreckt er sich bis zu einer maximalen Länge von 32 km, von Ost nach West ist er maximal 22 km lang, seine Uferlinie beträgt 176 km!
Wir folgen dem Ufer jedoch nur ca. 35 km, dann biegt die Straße nach Norden ab.

Bevor es allerdings so weit ist, halten wir an, denn auch hier am See und sogar in seinem Boden nah am Ufer gibt es sehr viele heiße Quellen.

Immer andere Farben - und im Hintergrund abgebrannte Bäume

Die Spazierwege in allen Geysir-Bereichen des Yellowstone, so auch hier, sind so angelegt, dass man wirklich von Quelle zu Quelle, von Schlammtopf zu Schlammtopf gelangt.
Überall warnen Schilder vor dem Verlassen der Wege (die als Holzstege gestaltet sind), denn einerseits könnte der Untergrund tückisch sein, andererseits steht natürlich alles hier unter Naturschutz.

Das Werfen von Gegenständen in die Quellen ist selbstverständlich auch untersagt, was aber viele Zeitgenossen nicht davon abgehalten hat, dennoch Münzen in einige dieser in allen Farben des Regenbogens schillernden Wasserlöcher zu werfen.

Einfach ein faszinierender Anblick

Wir könnten hier noch viele Stunden verbringen, doch ein Blick auf die Uhr zeigt uns, dass es Zeit wird, unsere Fahrt fortzusetzen.

Dabei führt der Straßenverlauf nördlich in Richtung Canyon Junction auch über die Natural Bridge, eine Natursteinbrücke, die es in dieser Art nur sehr selten auf der Welt gibt.

Allmählich kommen wir in den Bereich der weiten Ebenen des Yellowstone.

Hier und da erkennen wir in der Ferne Elche und Hirsche, mal sind es Einzelgänger, manchmal aber auch ganze Rudel.

Nur nach Grizzlies, Coyoten, Schwarzbären und Wölfen halten wir vergeblich Ausschau.

Sie ziehen es sicherlich vor, den Touristenströmen aus-
zuweichen, was wir durchaus verstehen können, auch
wenn wir es bedauern, diese Tiere nicht in freier Wild-
bahn beobachten zu können.

Dabei haben wir uns extra eine Bärenglocke gekauft,
die man an der Kleidung tragen soll, wenn man im Park
spazieren geht, um so eventuell angriffslustige Bären zu
vertreiben.
Ob das im Ernstfall wirklich helfen würde, wagen wir
allerdings zu bezweifeln.

Plötzlich ist vor uns am rechten Fahrbahnrand ein Pulk
von parkenden Autos.

Da wir inzwischen lange genug im Yellowstone unterwegs sind, wissen wir sofort, was dies bedeutet:

Hier ist etwas äußerst Sehenswertes zu finden und so
halten natürlich auch wir an und steigen aus unserem
Wagen aus.

Tatsächlich:
Nur wenige Meter abseits der Straße liegt ein Büffel wie
auf dem Präsentierteller im Gras und hält völlig ungerührt von dem Rummel Siesta.

Weder das Klicken der Fotoapparate noch das aufgereg-
te Rufen einiger Kinder kann ihn aufscheuchen.

Der Anblick dieses mächtigen Tieres ist absolut beeindruckend.

Das Tier ist wirklich echt - und liegt hier wie bestellt!

Nachdem wir von diesem lohnenden Fotomotiv reichlich Gebrauch gemacht haben, setzen wir unsere Fahrt fort.

Nur wenige Kilometer weiter gibt es die nächste Attraktion: ein mächtiger Wasserfall, der zwischen Felswänden donnernd den Berg hinabstürzt!

Wasserfall im Yellowstone Park

Bei der Weiterfahrt erblicken wir auf der Prärie weiter entfernt von der Straße dann auch noch eine relativ große Büffelherde.

So geht es im gesamten Yellowstone National Park: Immer wieder gibt es etwas zu bestaunen.
Man könnte wohl Wochen hier verbringen und die Begeisterung für dieses großartige Gesamt-Naturwunder wäre sicher noch immer nicht erschöpft.

Leider ist unsere Zeit nicht so großzügig bemessen.
Wir haben nur diesen Tag und müssen, da es schon später Nachmittag ist, wieder zurück zu unserem Hotel.

Dort angekommen, erfrischen wir uns erst einmal mit einer kühlen Dusche, bevor wir unsere Energien noch einmal bündeln und einen geruhsamen Abendbummel durch West Yellowstone machen.

Dabei erstehen wir in einer kleinen Schmuckboutique auch noch hervorragend gearbeiteten Indianerschmuck, den es hier im alten 'Wilden Westen' überall äußerst günstig zu kaufen gibt.

Und schließlich ist es jetzt auch an der Zeit, eine größere Reisetasche zu kaufen.
Die alte platzt inzwischen wirklich aus allen Nähten angesichts der vielen Souvenirs und auch einiger neuer Kleidungsstücke, die mittlerweile zu unserem Gepäck dazu gekommen sind.

16. Tag: Samstag, 15. Juli 2000:
West Yellowstone - Grand Teton
National Park - Jackson

Wir müssen weiter!

Der Abschied vom Yellowstone National Park fällt uns
tatsächlich schwer, doch unser Reiseplan ist unerbittlich. Also heißt es wieder packen und weiter fahren.

Heute ist unsere Strecke relativ kurz, denn es sind nur
etwa 200 km durch den Grand Teton National Park nach
Jackson.
Ein Stück dieses Weges führt noch einmal durch den
Yellowstone National Park, so dass wir jetzt Gelegen-
heit haben, endgültig von hier Abschied zu nehmen.

Der Übergang zwischen den beiden Nationalparks ist
fast fließend und so bemerken wir auch kaum, dass wir
dabei erneut eine Staatsgrenze überqueren, diesmal die
Grenze zwischen Wyoming und Idaho.

Auch der Grand Teton National Park ist sehr reizvoll.

Interessant ist die Geschichte, wie er zu seinem Namen
kam.
Es heißt, die ersten Trapper, die Mitte des 19. Jahrhunderts in dieses Gebiet kamen, waren Franzosen.
Die Form der in dieser Gegend wieder sehr zahlreichen
Berge soll sie an weibliche Brüste erinnert haben und
auf Französisch heißt die weibliche Brust 'Teton'.

Mit viel Fantasie kann man diesen Bezug auch heute
noch nachvollziehen.

Die Grand Tetons

Die höchsten Gipfel erreichen stolze 3800 bis 4600 Meter, was wirklich schon sehr beeindruckend ist.

Und auch die Natur bietet sehr viel Reizvolles: versteckte, klare Seen, vor allem der Jenny Lake, dichte Wälder, weite Prärien - dies ist unbestritten ein herrlicher Lebensraum für alle möglichen Tierarten.

Als wir zu einer kleinen Rast mit Picknick anhalten, kommen nach kurzer Zeit zwei Erdhörnchen neugierig heran, wohl in der Erwartung, an unserem Mahl teilhaben zu können.

Da so hungrige und neugierige kleine Nager als Fotomotiv beinahe unschlagbar sind, können wir nicht widerstehen und füttern die beiden mit kleinen Leckereien, obwohl dies eigentlich verboten ist, denn man will natürlich vermeiden, dass die Tiere sich daran gewöhnen, das Futter 'serviert' zu bekommen.

Suchbild mit Erdhörnchen

Nachdem wir dann alle satt und die Fotos gemacht sind, setzen wir unsere Fahrt fort bis zum Snake River Overlook, der auf einer gewaltigen Gletschermoräne liegt.

Von hier haben wir einen wunderbaren Ausblick auf das gesamte Tal von Jackson Hole und die umliegende Bergkette der Tetons. Und davor schlängelt sich dann auch noch malerisch der Snake River.

Angesichts dieser Szenerie kommt einem irgendwie der Ausdruck 'Paradies' in den Sinn...

Doch auch aus dem schönsten Paradies wird man vertrieben - und sei es auch nur durch die immer weiter fortschreitende Zeit, die uns zur Weiterfahrt drängt.

Also setzen wir unseren Weg fort und gelangen schließlich nach Jackson, dem in knapp 2000 m Höhe gelegenen Ort, der sowohl im Sommer als auch im Winter viele Touristen anlockt.

Denn einerseits ist Jackson ein beliebter Wintersportort, andererseits eine richtige Westernstadt, in der man das Gefühl hat, jeden Moment müsste Wyatt Earp oder ein anderer berühmter Westernheld aus einem der stilechten Saloons kommen.

Die Stadt könnte tatsächlich ohne Probleme als Kulisse für einen echten Hollywood-Western dienen.

Wie an jedem Etappenziel steuern wir zunächst unser Quartier an, hier in Jackson ist es das 'Painted Buffalo Inn'.

Nach einer kurzen Erholungspause geht es dann auf Erkundungstour durch den Ort.

Besonders interessant ist hier der 'Stadtpark', der von vier Seiten her durch große Torbögen zugänglich ist, die allesamt aus kunstvoll ineinander geschachtelten Hirschgeweihen zusammengesetzt sind.

In den vielen Läden kann man unendlich nach Mitbringseln stöbern, die hier natürlich überwiegend Bezug zur Wildwest-Vergangenheit (und noch bestehenden - Gegenwart) haben:
Man bekommt alles, was das Cowboy-Herz begehrt!

Wieder einmal ist das Angebot zu verlockend und wir steigern unseren 'Souvenir-Vorrat' beträchtlich.

Wie sollen wir das bloß alles nach Hause bekommen?

Kleine Rast unterm Geweihbogen

Da auch der Körper sein Recht verlangt, gönnen wir uns am Abend noch ein typisches Fast-Food-Vergnügen.

Dann geht es zum Schlafen zurück ins Motel.

17. Tag: Sonntag, 16. Juli 2000:
Jackson - Salt Lake City

Da die Strecke, die heute vor uns liegt, wieder etwas länger ist, nämlich 440 Kilometer bis nach Salt Lake City, machen wir uns schon früh zu Fuß auf den Weg, um in einem der typischen Westernsaloons von Jackson zünftig wie die Cowboys zu frühstücken, so richtig mit Steak, etc.

Zwar haben sich unsere europäischen Mägen noch immer nicht richtig daran gewöhnt, solch deftige Nahrung bereits morgens verabreicht zu bekommen, aber da wir sicherlich den ganzen Tag unterwegs sein werden, kann es nicht schaden, gut gestärkt die Fahrt anzutreten.

Der Spaziergang, den wir nach diesem Frühstück zurück zum Hotel und zu unserem Wagen machen, führt uns nochmals vorbei an den typischen Western-Bauten dieser urigen Stadt. Dann heißt es wieder: Aufbruch, es gibt noch so viel zu sehen!

Wir verlassen Jackson über die US 89 in südlicher Richtung, fahren durch den Snake River Canyon und erreichen kurz vor der Stadt Garden City den Bear Lake, dessen Wasser strahlendblau in der Sonne glitzert und der über weite Strecken von weißen Sandstränden gesäumt ist.

Wir können uns gut vorstellen, hier einen längeren Aufenthalt zu verbringen, aber das ist leider nicht möglich und so muss der reine Anblick beim Vorbeifahren genügen.

Dieser See liegt auf der Staatsgrenze zwischen Idaho und Utah, dem Mormonenstaat, aber dass wir diese Grenze passieren, merken wir natürlich nur an dem Willkommensschild am Straßenrand.

Parallel zum Logan River verläuft die Straße bis nach Logan, einem Ort mit einem der ältesten und imposantesten Mormonentempel überhaupt, weithin sichtbar, wenn man sich dieser Stadt im Cache Valley nähert.

Weiter geht es über Brigham City und das umliegende Anbaugebiet für leckere Pfirsiche, Kirschen und Aprikosen, die in diesem Klima sehr gut gedeihen.

Die Stadt ist benannt nach dem Begründer der Glaubensgemeinschaft der Mormonen, Brigham Young, und auch hier findet sich natürlich ein Tempel, wenn auch nicht so beeindruckend wie der in Logan.

Kurz hinter Brigham City beginnt der Great Salt Lake - der Große Salzsee, wobei die Bezeichnung 'See' mit Sicherheit untertrieben ist, denn er ist über 100 Kilometer lang, bis zu 50 Kilometer breit, aber nur maximal 6 Meter tief.

Vor 20.000 Jahren bedeckte er ein Drittel der Fläche des heutigen Staates Utah.

Der Name des Sees ist zurückzuführen auf den hohen Salzgehalt des Wassers, nur das Tote Meer ist noch salziger.

Dennoch ist es den Mormonen gelungen, aus dem umliegenden unfruchtbaren und salzverseuchten Boden fruchtbare Äcker und landwirtschaftliche Anbauflächen zu machen, indem sie ein spezielles Bewässerungssystem errichteten.

So fahren wir also auf der Interstate 15 weiter Richtung Süden, auf der rechten Seite immer begleitet vom Great Salt Lake, auf der linken Seite fällt der Blick auf grüne und blühende Landschaften, und wir gelangen schließlich nach Ogden.

Ganz in der Nähe dieser Stadt trafen sich 1869 die Eisenbahnbauer aus dem Osten und dem Westen, von Union Pacific und Central Pacific Railroad, und schlugen den letzten Nagel ein, der noch erforderlich war, um die durchgehende Schienenverbindung von der Ostküste zur Westküste der USA zu schaffen.

Natürlich gibt es hier auch ein Eisenbahnmuseum, das dieses Ereignis sowie die gesamte geschichtliche Bedeutung der Eisenbahn ausgiebig würdigt.

Am frühen Nachmittag erreichen wir schließlich Salt Lake City, die Hauptstadt von Utah, die 1847 von Brigham Young gegründet wurde und heute ca. 160.000 Einwohner hat, von denen die Hälfte Mormomen sind.

Die Stadt schmiegt sich regelrecht in einen Talkessel der Wasatch Mountains an und dehnt sich zur anderen Seite bis weit in die Wüste hin aus.

Bei den während unseres Aufenthaltes vorherrschenden Temperaturen von ca. 30°C können wir uns kaum vorstellen, dass dies der Austragungsort für die kommenden Olympischen Winterspiele im Jahr 2002 sein soll, doch tatsächlich gilt das Wintersportgebiet in den Bergen oberhalb der Stadt als äußerst schneesicher.

Die Olympischen Spiele sind es auch, die uns das Auffinden unseres Hotels hier in Salt Lake City etwas erschweren, denn überall im Stadtgebiet wird gebaut: neue Hotels, neue Straßen, neue Geschäftshäuser.
Doch schließlich finden wir doch das 'Quality Inn City Center', ein sehr komfortables Motel nah am Stadtzentrum, das sogar über einen Außen-Pool verfügt.

Nach dem Einchecken folgt die übliche kurze Erholungs- und Erfrischungspause, dann machen wir uns zu Fuß auf den Weg, die Stadt zu erkunden.

Der Spaziergang ist gar nicht so einfach, denn es weht ein starker, sehr heißer Wind, der direkt aus der Wüste kommt.
Wir müssen regelrecht dagegen ankämpfen und wir trauen uns kaum zu reden, denn mit dem Wind wirbelt ganz feiner Sand durch die Luft, der in Mund und Nase eindringt.

Doch wir halten uns tapfer, schließlich sind wir hier, um uns die Stadt und natürlich vor allem den Temple Square, den Tempelbezirk, anzusehen.
Dieser liegt mitten im Zentrum der Stadt und ist von einer meterhohen Mauer umgeben.
Zum Temple Square gehören natürlich der Tempel selbst, zwei Visitor Center und das Tabernacle.

Es fällt uns auf, dass es für einen Sonntagnachmittag außerordentlich ruhig auf den Straßen der Stadt ist. Außer uns ist kaum jemand zu Fuß unterwegs und es fahren auch nur relativ wenig Autos; die Stadt wirkt fast wie ausgestorben.

Selbst im Tempelbezirk befinden sich nicht sehr viele Besucher, doch das stört uns keineswegs, denn so können wir uns in Ruhe alles ansehen.

Der Mormonentempel in Salt Lake City

Der Tempel selbst ist nur für Mormonen zugänglich, aber fast alle anderen Gebäude können besichtigt werden.

Im Tabernacle, das über eine grandiose Akustik verfügt, befindet sich eine Orgel mit 11.000 Pfeifen. Orgelkonzerte müssen hier phantastisch klingen, aber leider findet während unseres Besuches keines statt.

Die Ausstellungen und Informationen in den Visitor Centern sind äußerst interessant, man kann sehr viel über die Geschichte und Lebensweise der Mormonen erfahren.

Gerne würden wir auch einmal im Ahnenforschungsarchiv der Mormonen vorbei schauen. Dies ist das weltweit größte Familien- und Ahnenarchiv und es ist für jeden für Nachforschungszwecke zugänglich, nur heute leider nicht für uns, denn es ist sonntags geschlossen.

So bummeln wir noch weiter durch die Stadt und dann langsam zurück zu unserem Hotel, wo wir es uns schließlich am windgeschützten Pool bequem machen und einfach nur die Ruhe genießen.

18. Tag: Montag, 17. Juli 2000:
Salt Lake City - Elko

Heute liegt eine besondere Strecke vor uns: Es geht über die Interstate 80 in Richtung Westen, ca. 370 km weit nach Elko - und das nur durch die große Wüste!

Zunächst fahren wir noch einmal ein kurzes Stück am Great Salt Lake entlang, doch bereits kurz darauf wird die Landschaft immer karger, bis schließlich tatsächlich nur noch Wüste rings um uns herum ist.

Da auch die I-80 über weite Strecken nur relativ gering befahren wird, stellt sich manchmal ein richtig beklemmendes Gefühl von Einsamkeit ein.

Wir können uns dennoch wohl nur im Entferntesten vorstellen, wie sich die ersten Pioniere gefühlt haben müssen, die Mitte des 19. Jahrhunderts mit ihren Praírieschonern genau auf der Trasse, auf der heute der Highway verläuft, ihren Weg nach Westen genommen haben, ins 'gelobte Land' Kalifornien, um dort ein besseres Leben - und vielleicht auch Gold zu finden.

Wie viele von ihnen mögen hier in der Wüste ihr Leben gelassen haben, welche Qualen mussten sie wohl aushalten auf diesem 'Trail to Eldorado' genannten Weg, der in Independence/Missouri begann und in Sacramento / Kalifornien endete?

Angesichts der Einöde, die sich um uns herum erstreckt, bekommen wir regelrecht Hochachtung vor der Leistung und dem Mut dieser Männer, Frauen und Kinder.

Zurück in die Gegenwart:
Mitten in dieser Wüste liegt rechts neben dem Highway der Bonneville Speedway, eine riesige Rennpiste, auf der bereits seit 1914 immer wieder mutige (oder übermütige) Autofahrer versuchen, immer neue Geschwindigkeitsrekorde aufzustellen.
Tatsächlich befinden sich auch heute einige 'Rennfahrer' hier, allerdings nicht mit hochmodernen, rasend schnellen Rennwagen, sondern sie fahren mit aufgerüsteten Oldtimern eher beschaulich in der Gegend herum.

Diese Rennstrecke ist über sehr viele Kilometer hinweg die einzige Abwechslung, die sich uns auf dieser Fahrt bietet, sonst gibt es nur Wüste und manchmal ein Lager für Straßenbaumaterialien, deren Heranschaffung über die weiten Entfernungen bei eventuell anstehenden Reparaturarbeiten auf der Strecke sonst wohl zu lange dauern würde.

So gelangen wir schließlich nach Wendover, dem Ort mitten auf der Grenze zwischen Utah und Nevada.

Und hier müssen wir auch unsere Uhren wieder umstellen, zurück von 'Mountain Time' auf 'Pacific Time', das heißt, diesmal bekommen wir eine Stunde geschenkt.

Interessant an Wendover ist, dass sich im Westteil der Stadt einige unübersehbare Spielcasinos befinden, denn dieser Teil gehört zu Nevada und in diesem Staat (mittlerweile auch in Atlantic City an der Ostküste sowie in einigen anderen Staaten) ist in den USA bekanntlich das Glücksspiel erlaubt!

Zur Begrüßung in Nevada steht am Straßenrand eine riesige Cowboy-Figur (ähnlich der bekannten Figur in Las Vegas) mit Namen Wendover Will.

Doch Wendover ist nur ein kleiner Farbklecks in der scheinbar endlosen tristen Wüste - direkt hinter der Stadt sieht die Landschaft wieder so aus, wie wir sie heute nun seit bereits mehr als 200 Kilometern kennen.

Und so geht es auch die nächsten 170 Kilometer weiter.

Erst kurz vor Elko, unserem heutigen Ziel, mehren sich Hinweisschilder auf abseits gelegene Geisterstädte, so genannte 'railroad ghost towns', die nur so lange bewohnt waren, wie die Eisenbahn in dieser Gegend die wichtigste Rolle spielte.
Heute sind sie verlassen und zerfallen und selbst Touristen verirren sich nur sehr selten dorthin.

Auch wir ziehen es vor, keinen Abstecher zu machen und kommen schließlich am Nachmittag in Elko an.

Unser Domizil ist hier das 'Stockmen's Casino Hotel', ein mehrstöckiges Hotel mit Spielcasino im Erdgeschoss - eben ein typisches Nevada-Hotel.

Da die lange eintönige Fahrt, gerade angesichts des strengen Tempolimits in den USA, wirklich sehr anstrengend war, nehmen wir erst einmal eine erfrischende Dusche und ruhen uns dann auf dem Zimmer ein wenig aus.

Anschließend machen wir uns auf zu einem Rundgang durch die Stadt, die den Ruf genießt, eine echte Cowboy- und Goldminenstadt zu sein. Doch was diesen Ruf ausmachen soll, offenbart sich uns leider nicht.
Wir empfinden Elko lediglich als eine relativ unattraktive Kleinstadt mit viel Autoverkehr und unansehnlichen Häusern.

Einen echten Cowboy oder gar Goldgräber bekommen wir auch nicht zu Gesicht.
Vielleicht sollte man Elko im Januar oder im Juni besuchen, dann finden hier Cowboy-Literatur- und -Musik-Festivals statt.

So beschränken wir unser Sightseeing auf die offensichtlich einzige Attraktion der Stadt:
Vor dem Gerichtsgebäude stehen mehrere Schaufeln und Spaten in verschiedenen Größen, darunter auch die angeblich größte Schaufel der Welt, als Denkmal für die Bauarbeiter, die den Highway durch die Wüste gebaut haben!

Die größte Schaufel der Welt!

Am Abend gönnen wir uns im Restaurant unseres Hotels ein echtes 'Goldgräber-Steak', schön groß und def-
tig!
Dann gehen wir früh schlafen, denn der nächste Tag
wird wohl wieder sehr anstrengend.

19. Tag: Dienstag, 18. Juli 2000:
Elko - Reno - Lake Tahoe

Mit Elko ist es wie mit Missoula - es hält uns nichts in
dieser Stadt.

Also brechen wir früh auf, um möglichst schnell die ca.
560 Kilometer zu unserem nächsten Ziel, Lake Tahoe,
zu bewältigen.

Wieder führt die Strecke der I-80 durch die Wüste, die Landschaft kennen wir mittlerweile zur Genüge.

Die einzige Abwechslung besteht aus einem Abstecher in die Stadt Winnemuca, denn hier wollen wir uns unbedingt das Gebäude der First National Bank anschauen.

Diese Bank wurde seinerzeit tatsächlich von Butch Cassidy und seiner Bande ausgeraubt und als 'Dank für die Spende' ließen die Banditen ein Gruppenfoto und einen Brief zurück.

Doch leider ist heute nur noch eine Erinnerungstafel vorhanden - Pech gehabt!

Da der Ort sonst nichts zu bieten hat, fahren wir schnell weiter und kommen schließlich nach Reno, der 'kleinen Schwester' von Las Vegas.

Der krasse Gegensatz muss erst einmal verarbeitet werden:

Gerade waren wir noch relativ einsam auf dem Highway mitten in der Wüste unterwegs und jetzt plötzlich befinden wir uns in dieser riesigen Glitzerstadt mit unendlich vielen Spielcasinos, Hotels, Bürohochhäusern und Showhallen.

Dazwischen sehen wir vereinzelt kleine Hochzeitskapellen, obwohl Reno eigentlich gerade für das Gegenteil bekannt ist, nämlich für schnelle, unkomplizierte Scheidungen.

Wir stellen unser Auto in einem der vielen Parkhäuser ab und los geht's, hinein ins Gewühl der vielen Menschen auf der Hauptstraße.

Hier reiht sich ein großes Casino an das andere und die Türsteher versuchen, mit allen möglichen Angeboten die Leute gerade in ihr Casino zu locken.

Welcome to Reno/Nevada

Und bei der Schweiß treibenden Temperatur von über 30°C lassen sich natürlich viele gern zu einem Aufenthalt in den klimatisierten Hallen verführen. Wir auch!

Der Lärm ist unbeschreiblich, von überall hört man Musik, das Rattern der Spielautomaten und auch das klackende Geräusch von Münzen, die von diesen Automaten wohl doch hin und wieder 'ausgespuckt' werden.

Auch wir können der Versuchung natürlich nicht widerstehen und riskieren ein paar Dollar, doch leider vergeblich. Selbst die paar Cents, die wir zwischendurch tatsächlich gewinnen, investieren wir in unserem 'Spielrausch' wieder - wie gewonnen, so zerronnen!

Zum Glück nicht völlig abgebrannt, setzen wir schließlich unsere Fahrt in südlicher Richtung auf der US 395 fort.

Da wir uns unaufhaltsam wieder Kalifornien nähern, ändert sich allmählich auch die Landschaft.
Wir lassen die Wüste hinter uns und schon bald führt der Weg wieder durch grüne Täler und Hügel, vorbei an Carson City, der Hauptstadt von Nevada.

Ganz in der Nähe befindet sich auch die Original Ponderosa Ranch, weltberühmt durch die Western-Serie 'Bonanza', doch für einen Abstecher bleibt uns leider keine Zeit.

Hinter Carson City biegen wir auf die US 50 ab und fahren nun Richtung Westen auf Lake Tahoe zu.
Die Strecke windet sich in Serpentinen die Berge hinauf.

Unterwegs, etwa 20 Kilometer vor Lake Tahoe, überholen wir einen total erschöpft wirkenden Fußgänger, der, mit einem eleganten Anzug bekleidet, ein Geschäftsmann zu sein scheint und einen Rollkoffer hinter sich herzieht. Allerdings macht er keinerlei Versuche, eventuell als Anhalter mitgenommen zu werden.

Als wir endlich die Bergkuppe erreichen, eröffnet sich uns der Blick auf den in der Sonne glitzernden Lake Tahoe.
Nach einigen Kilometern bergab erreichen wir dann auch Tahoe City, wo sich am südlichen Ende, also bereits in Kalifornien, unser Hotel, das 'Quality Inn & Suites', auch mit Außen-Pool, befindet.

Wir checken ein, gönnen uns eine kleine Erfrischung und machen uns dann auf den Weg zu unserem obligatorischen Rundgang.

Da sowohl der See als auch die Stadt mitten auf der Grenze zwischen Nevada und Kalifornien liegen, ist hier eine wirklich kuriose Situation entstanden.

Auf der zu Nevada gehörenden Seite stehen die Spielcasinos, rechts und links der Straße sogar die riesigen Casinohotels von Harrah's und Harvey's, deren Grundstücksgrenzen mit der Landesgrenze von Nevada absolut identisch sind.

Auf der zu Kalifornien gehörenden Seite findet man dann nur noch beschauliche kleine Hotels oder Motels, Gästehäuser und Bungalows, die fast alle im alpenländischen Stil erbaut sind. Namen wie 'Heidi's Restaurant' oder 'Alpenhaus' sind eher die Regel als die Ausnahme, ein Hotel heißt sogar 'Matterhorn-Hotel'.

Insgesamt gesehen ist Lake Tahoe ein typischer, an manchen Stellen sogar äußerst exklusiver Urlaubsort. Viele Prominente haben hier ihre eigenen Ferienhäuser, natürlich abseits vom Zentrum meist direkt am See gelegen und für uns 'normale' Touristen unzugänglich und nicht einsehbar.

Als wir am Ufer des Sees entlang spazieren wollen, erleben wir eine Überraschung: das Ufer ist mit einem Zaun abgesperrt und direkt heran kommt nur, wer auch bezahlt - ähnlich wie bei uns in Deutschland die Kurtaxe.

Da wir nur spazieren und nicht schwimmen wollen, sparen wir uns das Geld und genießen den Ausblick auf den See aus der Distanz durch den Gitterzaun, was die Schönheit des Lake Tahoe für uns aber nur geringfügig mindert.

Nachdem wir noch sämtliche Souvenirshops durchstöbert haben, ohne allerdings richtig fündig zu werden, schlendern wir schließlich zurück zu unserem Hotel - und bleiben plötzlich wie angewurzelt stehen, denn wir trauen unseren Augen nicht:
Leichten Schrittes, jetzt aber ohne Koffer, doch noch immer im gleichen Anzug, kommt uns der Fußgänger entgegen, den wir unterwegs überholt hatten! Wahrscheinlich ist er letztendlich doch von einem mitleidigen Autofahrer mitgenommen worden.

Zurück im Hotel machen wir es uns noch am Pool gemütlich und genießen die warme Sonne, bevor wir später am Abend noch einmal, nun jedoch mit dem Wagen, in den Ort zurückkehren, um noch einige Dollar in den Casinos auf Nevada-Seite zu riskieren, natürlich auch wieder vergeblich!

20. Tag: Mittwoch, 19. Juli 2000:
Lake Tahoe - Sacramento - San Francisco

Auch wenn wir es nicht wahr haben wollen, unsere Reise neigt sich langsam ihrem Ende zu.

Heute wird sich der Kreis schließen und wir werden am Abend wieder in San Francisco sein. Doch dazwischen liegt noch eine Etappe von ca. 440 Kilometern und daher brechen wir wieder einmal zeitig auf und fahren auf der US 50 in Richtung Westen nach Sacramento.

Kurz hinter Lake Tahoe führt die Straße in vielen Kurven und Serpentinen durch den Eldorado National Forest.
Die Straße verläuft hier parallel zu dem gewundenen Flussbett des American River.
Genau hier in diesem Fluss wurde 1849 das erste Gold in Kalifornien gefunden - der Auslöser des legendären Goldrausches!

Wir liebäugeln mit dem Gedanken, anzuhalten und einfach mal selbst nach Gold zu suchen, aber heute sieht die Gegend nicht mehr danach aus, als könnte ein solcher Plan noch Erfolg haben.

So entscheiden wir uns für die Weiterfahrt und genießen einfach nur die Landschaft aus Hügeln, Wäldern und dem Fluss.

Die Route führt vorbei an der Stadt Placerville zum Central Valley und dem unübersehbaren Sacramento River. In dieser fruchtbaren Ebene beherrscht natürlich die Landwirtschaft das Bild, rechts und links der Straße befinden sich endlose Äcker und Felder.

Schon bald erblicken wir die Silhouette von Sacramento, der Hauptstadt Kaliforniens.

Wir biegen vom Highway ab und fahren direkt in Richtung Downtown, wo wir unseren Wagen, der schon lange nicht mehr schneeweiß ist, in einem Parkhaus abstellen und uns zu Fuß aufmachen, um die Stadt und ihre Sehenswürdigkeiten zu erkunden.

Unseren Rundgang beginnen wir natürlich am Regierungssitz, dem Capitol, das eine fast originalgetreue Kopie des Capitols in Washington ist.

Das Capitol in Sacramento

Gerne würden wir auch einen Blick ins Innere des Gebäudes werfen, aber unsere Zeit ist zu knapp bemessen, um uns in die endlose Schlange von Touristen einzureihen und darauf zu warten, uns einer Führung anzuschließen.

Außerdem ist auch das Wetter viel zu schön, um die Zeit in geschlossenen Räumen zu verbringen.
Also gehen wir weiter in Richtung Old Sacramento und sehen uns dabei einfach nur die Gebäude rechts und links der Straße und die Menschen hier an, denn auch das ist ganz reizvoll.

So legen wir Meter um Meter zurück und gelangen schließlich zum Sacramento River, dann nur noch wenige Meter nach rechts und wir sind in Old Sacramento, dem historischen Stadtviertel, das komplett restauriert und vollständig wieder so aufgebaut wurde, wie es zur Mitte des 19. Jahrhunderts ausgesehen hat:
Wildwest-Atmosphäre in Reinkultur!

Wie schon in Jackson warten wir förmlich darauf, dass im nächsten Moment irgendeine Cowboy-Kultfigur aus einer der Türen tritt und einen Gegner für ein Duell sucht. Doch das ist (zu unserem Glück?!) nicht der Fall.

Dafür wimmelt es hier natürlich von Touristen, denen auch einiges geboten wird.
Es wurde nicht nur ein Stück der alten Eisenbahnlinie wieder in Betrieb genommen, sondern auf dem Fluss ankert sogar ein Original-Raddampfer und wartet darauf, vollbeladen mit Gästen abzulegen und ein Stück den Sacramento River hinunter zu fahren.

Wir schlendern über die typischen mit Holz beplankten Gehsteige vor den Häusern und können natürlich nicht widerstehen, in den unzähligen Souvenirshops nach Mitbringseln zu stöbern.

Selbst Obst- und Gemüsestände sind hier aufgebaut und es gibt selbstverständlich auch jede Menge Restaurants - eben eine typische Touristenattraktion.

Nach zwei Stunden haben wir uns satt gesehen und bummeln gemütlich zurück zum Capitol, wo wir uns noch eine Weile in die Sonne setzen und beratschlagen, ob unsere Zeit doch noch für einen Abstecher zu Sutter's Fort reichen könnte.

Dieses Fort war der Ursprung der Stadt Sacramento, gebaut von einem Schweizer namens Johann August Sutter, der von hier aus die Goldgräber mit allem versorgte, was sie benötigten und der entsprechend zu einem sehr reichen Mann wurde.

Dennoch starb er später völlig verarmt im Osten der USA, aber es gab jemanden, der ihm ein Denkmal gesetzt hat: Luis Trenker verfilmte Sutter's Geschichte in 'Der Kaiser von Kalifornien'.

Ein Blick auf die Uhr zeigt uns allerdings unmissverständlich an, dass es für diese Besichtigung nicht mehr reicht und so kehren wir zum Auto zurück, um unsere Reise nach San Francisco fortzusetzen.

Wir nehmen die I-80 in Richtung Westen und nähern uns unaufhaltsam wieder dem Ausgangspunkt unserer Reise, den wir vor knapp 3 Wochen verlassen haben.

Kurz vor San Francisco erreichen wir das California Wine Country, das berühmte kalifornische Weinanbaugebiet.

Namen wie Napa Valley oder Sonoma Valley sind heute auch Weintrinkern in Europa ein Begriff - und Fernsehzuschauern ebenfalls, denn die Serie 'Falcon Crest' handelte von einer Weinbauernfamilie und wurde auch hier gedreht.

Ab hier begleiten uns nun also die Weinberge bis kurz vor San Francisco, dem wir uns an diesem Abend von Nordosten her nähern, über die Oakland Bridge, auch Bay Bridge genannt.

Schon weit vor der Brücke geraten wir um diese späte Tageszeit in einen Stau, denn die hier ungefähr 12 Fahrspuren der Straße reduzieren sich auf der Brücke selbst auf 'nur' noch 6 Fahrspuren, die auf der oberen Ebene der Brücke verlaufen.

Auf der darunter liegenden Ebene rollen die Autos auf genauso vielen Fahrspuren aus der Stadt hinaus.

Außerdem ist die Brücke stadteinwärts gebührenpflichtig und es dauert natürlich, bis jeder Fahrer seinen Obolus entrichtet hat.

Aber schließlich haben auch wir es geschafft und steuern problemlos unser Hotel auf der Market Street an, auch diesmal wieder das 'Ramada Plaza International'.

Da wir am nächsten Morgen schon um 6:oo Uhr früh nach Las Vegas fahren wollen, lassen wir unser Gepäck im Wagen und nehmen nur das für eine Nacht Nötigste mit aufs Zimmer.

Nachdem wir uns eine kurze Zeit ausgeruht haben, machen wir einen letzten Spaziergang über die Market Street und die umliegenden Straßen.

Dafür müssen wir uns tatsächlich wieder warme Kleidung anziehen, denn das Wetter in San Francisco ist genau wieder so wie an dem Tag, als wir es zu Beginn unserer Reise verlassen haben: kühl und regnerisch.

Entsprechend dehnen wir unseren Spaziergang nicht allzu lange aus.
Dann wird noch eine Kleinigkeit gegessen, bevor wir früh schlafen gehen, um für die lange Fahrt am nächsten Tag gut gerüstet zu sein.

21. Tag: Donnerstag, 20. Juli 2000: San Francisco - Las Vegas

Um 5:oo Uhr läutet unnachgiebig der Wecker und wir quälen uns aus dem Bett.
Doch die Dusche macht uns recht schnell munter und wir schaffen es tatsächlich, unseren Plan einzuhalten und um 6:oo Uhr sitzen wir im Auto.

Das Wetter hat sich leider nicht geändert.
Noch immer ist es sehr kühl und vereinzelt fällt Regen, doch das wird sich bis zu unserem heutigen Ziel bestimmt noch ändern.

Heute gilt es fast 1000 Kilometer zu bewältigen, denn so weit ist es von San Francisco nach Las Vegas.

Zu Hause in Deutschland würde man solch eine Strecke mit Sicherheit ganz anders angehen und wahrscheinlich eine Zwischenübernachtung einplanen, aber hier in den USA ist das eigentlich keine Entfernung und wir haben auch überhaupt keinen Zweifel, dass wir heute am frühen Abend in Las Vegas sein werden.

Die Straßen sind hervorragend ausgebaut, nicht so überfüllt wie unsere Autobahnen und der Verkehr fließt trotz des vorgegebenen strengen Tempolimits zügig. Dies liegt auch daran, dass man auf den mehrspurigen Straßen auch rechts überholen darf

Für die Fahrt aus der Stadt hinaus wählen wir wieder die Oakland Bridge.
Doch an diesem frühen Donnerstagmorgen ist es noch sehr ruhig hier und da stadtauswärts auch keine Gebühr zu entrichten ist, haben wir dieses Stück unseres Weges schnell hinter uns.

Dann geht es auf der I-80 zunächst in östlicher Richtung über Berkeley bis Hayward, wo wir auf die US 580 wechseln, die ab hier in südliche Richtung verläuft.

Die Strecke führt durch das Joaquin Valley, eine früher wüstenähnliche Landschaft, die durch ausgeklügelte Bewässerungssysteme zu einem fruchtbaren Tal mit endlosen Obst- und Gemüseplantagen umgewandelt wurde.

Das Wetter wird mit jedem Kilometer, den wir zurücklegen, tatsächlich immer besser - und es wird immer wärmer, was uns jedoch dank der Klimaanlage im Auto nicht viel ausmacht.

Wir passieren Modesto und Fresno, jedoch ohne einen Abstecher dorthin zu unternehmen, denn das ist in unserem Zeitplan nicht vorgesehen - unser Weg ist noch sehr weit.

Die Landschaft wandelt sich wieder zur Wüstengegend, nur unterbrochen durch einzelne kleine Orte, die wie Oasen wirken.
Schließlich erreichen wir Bakersfield, wo wir in östliche Richtung auf die US 40 wechseln.

Kurz danach beginnt das riesige Gelände der Edwards Air Base, das von Zeit zu Zeit auch als Ausweich-Landeplatz für die Space Shuttles genutzt wird, wenn in Florida das Wetter für eine Landung zu schlecht ist.
Hier würden wir gern unsere Fahrt unterbrechen, denn dies wäre sicherlich ein äußerst lohnendes Besichtigungsobjekt, doch leider ist der Zutritt für 'Normalsterbliche' nicht erlaubt.

So fahren wir weiter auf dieser monotonen Route quer durch die Mojave-Wüste, jetzt am Nachmittag bei Außentemperaturen von fast 40°C!

Kurz hinter Barstow, wo wir wieder nach Norden auf die US 15 abbiegen, glauben wir unseren Augen nicht zu trauen: Tatsächlich befindet sich hier, mitten in der Wüste, ein riesiger Stützpunkt der US-Marine!

Das wirkt zunächst unglaublich lächerlich, denn von Wasser ist hier nun wahrhaftig weit und breit nichts zu sehen. Doch nach einigen Überlegungen kommen wir zu der Erkenntnis, dass es sich wahrscheinlich um Ma-

rineflieger handelt und für diese bietet die Wüste natürlich ein hervorragendes Übungsgelände.

Abgelenkt durch diese Überlegungen haben wir wieder
ein gutes Stück der Strecke zurückgelegt und befinden
uns jetzt in Baker
Dies ist ein ganz kleiner Ort, der allerdings große Bedeutung hat als der Punkt, an dem man von der US 15
nach links zum berühmten Death Valley abbiegt.
Auch uns reizt es natürlich, einen Abstecher dorthin zu
machen, doch die Uhr ist unerbittlich.

Mittlerweile ist es schon später Nachmittag und der
Weg nach Las Vegas ist noch immer sehr weit.

Also fahren wir weiter die sich jetzt stetig bergauf zie-
hende Straße, über Valley Wells und den 1440 Meter
hohen Mountain Pass.
Ab hier geht es wieder bergab und kurz danach erreichen wir dann Stateline, einen Ort auf der Grenze zwischen Kalifornien und Nevada.

Natürlich gibt es auch hier, auf der zu Nevada gehörenden Seite des Ortes, gleich wieder ein paar Spielcasinos,
doch die können uns nicht locken, wir streben jetzt
unaufhaltsam unserem Ziel zu.

In den Orten Jean und Paradise befinden sich schon
mehr und auch größere Casinos, doch das ist nichts im
Vergleich zu dem, was plötzlich schon von weitem am
dunkler werdenden Horizont zu sehen ist:

Das riesige bunte Lichtermeer von Las Vegas, das sich
fast wie eine Fata Morgana mitten aus der Wüste erhebt.

Jetzt dauert es nur noch kurze Zeit und wir sind da: Viva Las Vegas!

Die Straße führt direkt am Flughafen vorbei in die Stadt hinein.

Auf der linken Seite befindet sich gleich das erste große Themenhotel, das 'Mandalay Bay', dahinter steht direkt das 'Luxor', gebaut wie eine der großen ägyptischen Pyramiden, davor wacht ein (oder 'eine'?) Sphinx.

Und dann sehen wir schon, ebenfalls auf der linken Seite, das 'Excalibur', das der Burg Camelot von König Artus nachempfunden ist, aber auch viel Ähnlichkeit mit dem Schloss von Walt Disney's Cinderella hat.

Und dieses Hotel mit vier gewaltigen Wohntürmen wird für die kommenden drei Nächte unser Domizil sein!

Das 'Excalibur'

108

Da wir es nicht wagen, mit unserem arg verschmutzten Auto direkt vorm Portal vorzufahren, stellen wir es auf dem seitlich gelegenen Parkplatz ab.
Wir steigen aus und zuerst einmal stockt uns regelrecht der Atem, denn die Luft ist extrem heiß.

Dann nehmen wir unser Gepäck, betreten nach wenigen Schritten den automatisch rollenden Laufgang, der uns direkt in das vollklimatisierte Hotel hineinbringt - und sind nur noch verwirrt und sprachlos:
Vor uns liegt ein riesiger Casinosaal mit einer unüberschaubaren Menge von Spielautomaten und Menschen!

Nach einer kurzen Orientierungsphase finden wir schließlich die Wegweiser zur Rezeption und letztlich auch diese selbst.
Dabei handelt es sich um einen ca. 20 Meter langen Tresen, hinter dem zahlreiche Angestellte freundlich und geduldig bemüht sind, die ein- und auscheckenden Gäste, die sich in langen Schlangen davor aufgebaut haben, abzufertigen.

Schließlich kommen auch wir an die Reihe und das Einchecken klappt reibungslos. Nach kurzer Suche finden wir auch den Zugang und den Lift zu unserem Wohnturm. Davon gibt es insgesamt 4 Stück in diesem Hotel, dennoch zählt es zu den kleineren Hotels von Las Vegas.

Ab geht es in die 12. Etage und hinein ins Zimmer, das allerdings nicht so luxuriös ausgestattet ist, wie es von der Werbung her den Eindruck gemacht hat, doch wir sind zufrieden.

Vom Fenster aus haben wir einen direkten Ausblick auf das Hotel 'Luxor' sowie den Flughafen, wo reger Betrieb herrscht.
Beinahe alle zwei Minuten startet oder landet eine Maschine. Doch von dem Lärm ist dank der schallgedämpften Fenster überhaupt nichts zu hören.

Dann heißt es erst einmal duschen, umziehen und kurz ausruhen, denn wir wollen möglichst schnell zu einem Spaziergang, zunächst durch das Hotel und das Casino, dann durch die Stadt, aufbrechen.

Knapp eine Stunde später, inzwischen ist es ca. 20:oo Uhr, machen wir uns auf den Weg ins Casino.

Obwohl wir in Reno bereits einen kleinen Vorgeschmack bekommen haben, sind die dortigen Spielcasinos mit dem, was wir hier vorfinden, in keiner Weise zu vergleichen.

Der Lärm ist unbeschreiblich, von überall her dringt das Klingeln der unzähligen 'einarmigen Banditen', das Klacken der von ihnen 'ausgespuckten' Münzen, Musik, Lachen, Unterhaltungsfetzen.
Es wimmelt nur so von Menschen, die alle ihr Glück versuchen und die Automaten mit Geldstücken füttern.

Und - ich kann es kaum glauben, weil ich es so lange vermisst habe - hier in den Casinos darf überall geraucht werden!

Natürlich können auch wir der Versuchung nicht lange widerstehen und die ersten 25-Cent-Stücke verschwin-

den in den gierigen Einwurfschlitzen der Automaten -
und sie bleiben verschwunden, Pech gehabt!

Da wir befürchten, gleich am ersten Abend dem Spielrausch zu verfallen, reißen wir uns nach kurzer Zeit
entschieden los und setzen unseren Rundgang durch das
'Excalibur' fort.
Dies nur als 'Casinohotel' zu bezeichnen, wäre eine
absolute Untertreibung. Hier handelt es sich um einen
kleinen Vergnügungspark!

Im Stockwerk über dem Casino befinden sich einige
Säle, in denen Shows stattfinden. Es gibt jede Menge
Shops und gediegene Boutiquen, eine große Anzahl
verschiedener Restaurants und reichlich andere Attraktionen für Kinder und Erwachsene.

Von den vielen verschiedenen Eindrücken, die hier auf
uns einstürmen, fühlen wir uns regelrecht erschlagen.
Daher beschließen wir, erst einmal hinaus zu gehen und
die Hauptstraße, den 'Las Vegas Boulevard', besser
bekannt als 'Strip', hinunter zu bummeln.

Obwohl es schon nach 21:oo Uhr und bereits dunkel ist,
werden wir erneut von der Hitze 'erschlagen', denn in
den vollklimatisierten Gebäuden vergisst man, dass man
sich in einer Stadt mitten in der Wüste befindet.

So verwundert es uns auch nicht, dass draußen fast alle
Leute, die uns begegnen, mit Trinkflaschen oder Be-
chern 'bewaffnet' sind. Bei dieser trockenen Hitze, die
auch in der Nacht nur wenig nachlässt, muss man wirklich ständig Flüssigkeit zu sich nehmen.

Wir stehen jedenfalls erst einmal ohne Getränke auf der Straße und gehen vom 'Excalibur' hinüber zum gegenüberliegenden Hotel 'New York, New York'.

'Lady Liberty' vor dem Hotel 'New York New York'

Der Weg dorthin führt über Fußgängerbrücken, die über Rolltreppen zugänglich sind und so eine einfache Überquerung der viel befahrenen Haupt- und Nebenstraßen ermöglichen.

Auch das 'New York, New York' ist ein Vergnügungspark, natürlich ebenfalls mit einem riesigen Casinosaal.

Prunkstück ist eine Achterbahn, die sowohl durch das
Hotel als auch durch die Außenanlagen, die die Silhouette von New York darstellen, fährt.
Selbst die Freiheitsstatue und die Brooklyn-Bridge sind
maßstabsgetreu vor dem Hotel nachgebaut worden.

Und in dem kleinen künstlichen Hafenbecken dümpelt
sogar ein Feuerlöschboot und versprüht kühlende Wasserfontänen.

Es ist wirklich unglaublich, aber Wasser ist hier mitten
in der Wüste tatsächlich im Überfluss vorhanden.
Überall vor und in den Hotels befinden sich Spring-
brunnen, künstliche Seen, Kaskaden und Fontänen.

Und genau wie das Wasser scheint auch der elektrische
Strom nur da zu sein, um regelrecht verschwendet zu
werden. Das Lichtermeer ist unbeschreiblich.

Vom 'New York, New York' überqueren wir, wieder
über eine Fußgängerbrücke, den 'Strip' und schlendern
hinüber zum 'MGM Grand Hotel'.

Von der Brücke aus eröffnet sich uns ein phantastischer
Blick fast den gesamten 8-spurigen 'Strip' hinunter, wo
sich beinahe rund um die Uhr Auto an Auto reiht, auch
oder gerade jetzt am Abend.
Auffällig sind dazwischen immer wieder die großen
Stretch-Limousinen, die einerseits die so genannten
'VIP's' durch die Gegend fahren, andererseits aber auch

wie normale Mietwagen von jedermann für relativ geringes Geld gemietet werden können, auch ganz stilecht mit Chauffeur.

Im 'MGM Grand Hotel' bummeln wir natürlich erst einmal durch das Casino, unter dessen Kuppel eine technisch ausgefeilte Lasershow dargeboten wird.

Der Gang durch das Casino ist unvermeidlich, denn hier, wie in allen anderen großen Hotels in Las Vegas auch, sind die Wege innerhalb des Gebäudes so angelegt, dass man gezwungen ist, zuerst das Casino zu betreten, bevor man alle anderen Räumlichkeiten erreicht.

Das ist natürlich eine ausgeklügelte Taktik der Hotel- und Casinobetreiber, denn der größte Teil ihres Einkommens besteht aus den Spieleinnahmen.
Daher können sie auch die Zimmer zu günstigen Preisen anbieten, man muss sagen, für Hotels dieser Kategorie sind die Übernachtungspreise sogar sehr niedrig.

In einer Ecke des Casinos besuchen wir dann die Attraktion des 'MGM Grand Hotels': ein großer Glaskäfig mit einem ganzen Rudel Löwen mit niedlichen Jungen, mit denen man sich zu bestimmten Zeiten natürlich auch fotografieren lassen kann.

Das gewaltige Gedränge rund um ihr Gehege nehmen die Tiere sehr gelassen hin, sie räkeln sich faul in der Ecke oder liegen träge auf den (natürlich echten) Bäumen.

In einem abgetrennten Bereich des großen Geheges haben einige der jüngeren Löwen gerade Spielstunde mit ihren Pflegern. Und auch dieser Bereich ist natürlich von zahlreichen Besuchern umlagert.

Die Löwen im MGM Grand Hotel

Inzwischen ist es bereits später Abend und wir merken, dass die anstrengende und sehr lange Fahrt ihre Spuren hinterlassen hat.
Der Körper verlangt nach seinem Recht und so begeben wir uns zurück zu unserem Hotel, wo wir völlig ermattet ins Bett fallen.

In dieser Nacht können wir hervorragend schlafen, auch in dem Bewusstsein, dass uns noch vier ganze Tage zur Verfügung stehen, um Las Vegas zu erobern!

22. Tag: Freitag, 21. Juli 2000:
Las Vegas

Endlich einmal ausschlafen, ausgiebig duschen und in
aller Ruhe frühstücken.
Wir wissen schon kaum noch, wie das ist und daher
genießen wir dies heute besonders. Schließlich bleiben
wir noch bis Dienstag in dieser Stadt und das Hotel
wechseln wir erst am Sonntag.
Nachdem wir also in aller Gemütlichkeit den Tag begonnen haben, machen wir uns auf den Weg.

Da Las Vegas eine Stadt ist, die erst richtig zum Leben
erwacht, wenn die Nacht hereinbricht, obwohl die Casinos natürlich rund um die Uhr geöffnet sind, bietet die
Stadt am Tage einen etwas ernüchternden Anblick.

Wären da nicht der 'Strip' und die zahlreichen großen
Hotels mit ihren außergewöhnlichen Fassaden, man
könnte meinen, in jeder beliebigen amerikanischen
Stadt zu sein.

Heute Vormittag wollen wir diese Stadt mit dem Wagen
erkunden und einen ausgiebigen Einkaufsbummel in
einem der großen Einkaufszentren machen.
Dank eines ausgezeichneten Stadtplanes haben wir auch
kein Problem, eine entsprechende Mall abseits vom
Zentrum zu finden.

Wir stellen den Wagen im Parkhaus ab und dann gehören uns, wie auch schon in eigentlich allen anderen
Städten und Orten, die wir auf unserer Reise besucht
haben, 'Sears', 'Payless Shoes' und all die anderen Geschäfte der großen Warenhausketten, genau wie die

kleinen gediegenen Shops und Boutiquen, die sich hier befinden.
Ein Paradies für jeden, der gern einfach nur durch Geschäfte stöbert oder auch das eine oder andere Teil kaufen möchte - also genau das Richtige für uns!

Da wir uns zwischendurch auch immer mal wieder in einem der Schnellrestaurants oder einfach nur auf einer der vielen Sitzbänke in diesem Center ausruhen, verlassen wir die angenehm klimatisierte Shopping Mall erst wieder am späten Nachmittag.

Eigentlich wollten wir ja nur bummeln, aber, wie es so geht, wieder einmal nehmen wir doch eine ansehnliche Ausbeute an neuen Kleidungsstücken und Souvenirs mit, die wir nach der Rückkehr in unser Hotelzimmer erst einmal in unserem Gepäck verstauen.
Wie wir das allerdings für die Rückreise ins Flugzeug bekommen sollen - darüber können wir uns Gedanken machen, wenn es so weit ist.

Immer wieder während unserer Reise haben wir bei zahlreichen Bummeln durch Kaufhäuser und Shopping Malls, gleich in welchem Ort, feststellen können, dass es trotz des (in diesem Jahr 2000) schlechten Dollarkurses möglich ist, insbesondere Kleidung zu günstigen Preisen zu kaufen.

Hochwertige Markenjeans zum Beispiel haben wir für umgerechnet 35,- DM erstanden. Jeans von unbekannten Herstellern, aber in hochwertiger Qualität, sind bereits für umgerechnet 8,- DM zu haben, man muss nur Ausschau danach halten.

Für die Suche sind die Hinweisschilder 'Sale' und 'Clearance' eine große Hilfe.

Und da es in den USA kein Rabattgesetz wie in Deutschland gibt, finden Ausverkäufe und Räumungsverkäufe zu jeder Zeit und in jedem Geschäft statt.

Auch die Angebote 'get 2 - pay 1' sind lohnenswert, denn man kann natürlich auch Kleidung oder Schuhe in unterschiedlichen Größen für zwei verschiedene Personen kaufen.
Selbst die so beliebten Souvenir-T-Shirts der einzelnen Städte, Regionen und Attraktionen sind gar nicht so teuer, wie man vielleicht denkt.

Ebenfalls sehr preisgünstig sind Schmuck, speziell Indianerschmuck, der in Deutschland so kaum zu bekommen ist, und auch Zippo-Feuerzeuge, von denen wir gleich einen ganzen Vorrat eingekauft haben, quasi nach dem Motto: Andere Stadt - neues Feuerzeug!

Jetzt also sind wir in Las Vegas in unserem Zimmer im 'Excalibur' und machen Pläne für den Abend.

Nach einiger Überlegung entscheiden wir uns zunächst für ein ausgiebiges Abendessen vom Grand Buffet. Dies ist eine Spezialität fast aller Hotelcasinos.

Sie bieten zu sehr günstigen Preisen Buffets für ihre Gäste an, wohl in der Hoffnung, dass, wer gut und ausgiebig gegessen hat, zu faul ist, danach mehr zu tun als im Casino sein Geld zu verspielen.
Und in den meisten Fällen geht diese Rechnung wohl auch auf.

Gleich am Eingang des riesigen Speisesaals wird bezahlt, dann stehen uns alle Köstlichkeiten zur Verfügung, die das Buffet zu bieten hat - Essen bis zum Abwinken! Nur die Getränke gehen extra.

Da natürlich auch unsere Kosten-Nutzen-Rechnung hinsichtlich des Essens aufgehen soll, 'arbeiten' wir uns in aller Ruhe durch das Buffet durch.
Wir beginnen bei den Vorspeisen wie Fischhäppchen, Suppe, Salate oder einfach nur Brot, wechseln dann zu den zahlreichen Hauptgerichten mit verschiedenen Fleischsorten, Fisch, diversen Kartoffelbeilagen, Nudeln, Reis, Gemüse, Salat oder rein vegetarischen Gerichten, und gelangen schließlich zu den unterschiedlichsten Nachspeisen wie frisches Obst, Quark, Pudding, Eis und Kuchen.
Welch ein Unterschied zu den Fast-Food-Gerichten, die wir bisher auf unserer Fahrt überwiegend zu uns genommen haben!

Doch schließlich sind wir satt - und träge.

Am liebsten würden wir jetzt auf unser Zimmer gehen und ein gemütliches Schläfchen halten, aber dafür ist es noch zu früh und außerdem wartet Las Vegas darauf, von uns 'erobert' zu werden.

Also raffen wir uns auf und verlassen den Speisesaal, allerdings kommen wir nicht sehr weit, denn zwischen hier und dem Hotelausgang liegt, natürlich, das Casino.

Und wozu ist man schon in Las Vegas, wenn man nicht immer mal wieder ein paar Dollar riskiert?

Doch das Glück ist nicht auf unserer Seite: Nach einer Stunde Zocken am 'einarmigen Banditen' sind 20 Dollar Einsatz und ca. 25 Dollar an vorübergehenden Gewinnen auf Nimmerwiedersehen im 'Groschengrab' verschwunden.

Jetzt ist es an der Zeit, einen ausgiebigen Spaziergang zu machen.

Draußen ist es natürlich wieder heiß, doch diesmal sind auch wir mit Trinkflaschen ausgerüstet, schließlich sind wir nach gut 24 Stunden Aufenthalt ja schon 'Vegaserfahren'.

Erneut schlendern wir den 'Strip' hinunter, vorbei am 'New York, New York' und dem 'MGM Grand'.

Gegenüber dem 'Monte Carlo', einem der wenigen klassischen Hotelbauten hier, befindet sich ein großer 'M&M-Store'. Hier gibt es nur 'M&M'-Schokolinsen sowie sämtliche dazugehörigen Merchandising-Artikel.

An den Wänden stehen zahllose ca. 3 Meter hohe und 50 cm dicke Kunststoffröhren, jede einzelne bis oben hin gefüllt mit 'M&Ms', jede Röhre mit einer anderen Farbe, einfach irre.
Unten an den Röhren kann man eine kleine Klappe öffnen und sich so ein Tüte 'M&Ms' selbst zusammenstellen, nur mit den eigenen Wunschfarben.

Gleich nebenan befindet sich ein 'Coca-Cola'-Store, der, logischerweise, nur alles das im Angebot hat, was den Aufdruck 'Coca-Cola' trägt.

Der Coca-Cola-Shop von außen

Nachdem wir uns in beiden Läden ausgiebig umgesehen haben, setzen wir unseren Spaziergang über den 'Strip' fort und kommen zum 'Paris Las Vegas', das als Gegenstück zum 'New York, New York' eine Stadtansicht von Paris zeigt.

Hier stehen der Eiffelturm, gleich danebem die Opéra, der Triumphbogen und der Louvre, alles original- und maßstabsgetreu im Verhältnis 1:2 nachgebaut.

Schräg gegenüber auf der anderen Straßenseite befindet sich das 'Bellagio', in dem den Besuchern eine umfangreiche Sammlung originaler Gemälde, z.B. von Picasso und Renoir, zur Besichtigung geboten wird.

Vor dem Hotel befindet sich eine verkleinerte Kopie des Genfer Sees mit Uferpromenade und einer Wasserorgel, deren Fontänen zu klassischer Musik bis zu 50 Meter in die Höhe 'tanzen'.

Dieses Spektakel wird einmal pro Stunde dargeboten und die Menschen drängen sich auf dem Gehweg und an den Balustraden des Seeufers, um das erleben zu können. Auch wir bleiben natürlich stehen und genießen dieses Schauspiel.

Anschließend setzen wir unseren Weg fort, der auf der Karte so kurz erscheint, jetzt aber bereits länger als 1 Stunde dauert, nicht eingerechnet die vielen Unterbrechungen, weil es überall so viel zu sehen gibt.

Gleich hinter dem 'Paris Las Vegas' steht das 'Bally's Grand Hotel', vor dem eine übergroße Lichtorgel in allen Pastelltönen im Takt von Popmusik blinkt und erstrahlt.

Und wieder einige Meter weiter auf der gegenüberliegenden Straßenseite ragt der hohe, im römischen Stil errichtete Bau des 'Caesars Palace' auf.

Der Eingang des Caesars Palace

Dieses Hotel müssen wir uns heute Abend unbedingt noch ansehen.

Der Weg hinein führt vorbei an verschiedenen römischen Statuen und einem wunderbar angelegten Garten.

Beim Betreten des Casinos bleibt uns vor Staunen förmlich der Mund offen stehen.
Dieser Saal ist wohl doppelt so groß wie der des 'Excalibur', alle Einrichtungen sind dem antiken Rom nachempfunden, sogar eine originalgetreue Sklavengaleere steht mittendrin.

Und natürlich begegnen wir auch Caesar und Cleopatra, die hier umher flanieren und gerne bereit sind, sich mit den Gästen fotografieren zu lassen.

An den Casinosaal schließt sich dann aber die eigentliche Attraktion des Hotels an:
Ein Nachbau des antiken Rom mit fast echt wirkenden Plätzen und Gebäuden, u.a. das Forum Romanum.

Selbst der künstliche Himmel wird der jeweiligen Tageszeit entsprechend entweder verdunkelt oder erstrahlt in hellem Blau mit kleinen Wölkchen.

Wir schlendern durch die Gassen mit zahlreichen Boutiquen, kleinen Läden, Trattorias und Straßencafés.

Wüssten wir es nicht besser, wir könnten wahrhaftig der Illusion erliegen, in Rom zu sein, so täuschend echt wirkt alles um uns herum.

Im Caesars Palace

Für unseren 'Kurztrip' nach Rom benötigen wir gut eine Stunde.

Dann reißen wir uns los und durchqueren wieder das Casino, nicht ohne jedoch als Souvenir einen der großen Kunststoffbecher mit dem Werbeaufdruck des 'Caesars Palace' mitzunehmen, die hier überall an den Spielautomaten herumstehen, damit die Spieler ihre Münzen besser zur Hand haben.

Es ist schon fast Mitternacht, doch auf dem 'Strip' herrscht noch immer ein Betrieb wie in einer deutschen Großstadt am letzten verkaufsoffenen Samstag vor Weihnachten.

Da wir heute fast den ganzen Tag auf den Beinen waren, streben wir jetzt doch relativ zügig wieder zurück zum 'Excalibur'.

Bevor wir uns schlafen legen, müssen wir jedoch noch einmal die vielfältigen Eindrücke gerade des heutigen Abends verarbeiten, doch schließlich schlafen wir ein - und einem neuen, sicherlich wieder erlebnisreichen Tag entgegen.

23. Tag: Samstag, 22. Juli 2000:
Las Vegas

Auch heute beginnen wir den Tag in aller Ruhe und Gemütlichkeit.

Beim Frühstück überlegen wir, was wir an diesem Tag unternehmen sollen, um uns schließlich darauf zu einigen, zunächst einmal am Flughafen vorbei zu fahren, um ausfindig zu machen, wo wir vor unserem Rückflug am Dienstag unseren Leihwagen zurückgeben müssen.

Nachdem wir dies erledigt haben, setzen wir einfach unsere Fahrt im Auto fort und streifen durch die Außenbezirke von Las Vegas, um schließlich bei einem großen Einkaufszentrum zu landen, in dem sich auch sehr viele der so genannten 'Outlet Stores' großer Markenfirmen befinden.

Und da man es bei der Hitze draußen unter freiem Himmel kaum aushalten kann, sind wir uns sehr schnell einig, dass wir uns diese Gelegenheit nicht entgehen lassen können.

So verbringen wir die Zeit bis zum Nachmittag in gleicher Weise wie am Vortag.

In den Hotels und Casinos am 'Strip' verpassen wir schließlich währenddessen mit Sicherheit nichts, deren Erkundung ist erst am Abend so richtig lohnenswert.

So ist es dann auch.

Nach der Rückkehr vom Shopping und einer Ruhepause auf dem Zimmer ziehen wir, nun wieder taufrisch, los und gehen unseren schon gewohnten Weg den 'Strip' hinunter.

Unsere Ziele an diesem Abend sind das 'Mirage' und das 'Treasure Island', zwei Hotels, die sich noch hinter dem 'Caesars Palace' befinden. Natürlich herrscht wieder der übliche Trubel auf dem 'Strip' und entsprechend dauert es fast eine Stunde, bis wir vor dem 'Mirage' stehen.

In diesem Hotel findet täglich zweimal die berühmte Show von Siegfried & Roy statt, doch es ist vor Ort so gut wie unmöglich, Karten zu bekommen, alle Shows sind schon Wochen vorher ausverkauft.

Somit begnügen wir uns damit, den weißen Tigern, die hier im Zugangsbereich des Casinos ihr Domizil in einem großen gläsernen Gehege haben, einen Besuch abzustatten.

Nachdem wir uns an den Tieren satt gesehen haben, drehen wir noch eine Runde durch das Casino, verzocken ein paar Dollar und setzen dann unseren Weg fort in Richtung 'Treasure Island', allerdings nicht ohne noch kurz einen Zwischenstopp am großen See vor dem 'Mirage' einzulegen.

Rund um diesen künstlichen See wurde eine Dschungellandschaft erbaut und in der Mitte des Sees ragt ein künstlicher Vulkan auf.

Zu jeder vollen Stunde bricht dieser Vulkan spektakulär aus, doch leider ist jetzt gerade nicht dieser Zeitpunkt und wir beschließen, erst einmal zum 'Treasure Island' weiterzugehen, wo in Kürze ebenfalls eine Show präsentiert wird.

Der Bürgersteig vor dem 'Treasure Island' besteht aus einem breiten Holzsteg, der, als wir ankommen, bereits voll von wartenden Menschen ist.

Am Geländer des Steges sind Pfosten befestigt, an denen in ca. 2 Metern Höhe Sprühköpfe angebracht sind, aus denen Wasser fein zerstäubt auf die Menschen herunterrieselt und so ein wenig Abkühlung in der noch immer vorhandenen Hitze bringt.
Selbst jetzt, kurz nach 21:oo Uhr, herrschen wohl noch immer gut 30°C.

Es gelingt uns, einen relativ guten Standplatz zu bekommen und mit allen anderen Zuschauern harren wir nun der Dinge, die da kommen werden, denn die Show am 'Treasure Island' findet hier draußen an der Straße statt.

Das 'Treasure Island' ist ebenfalls ein riesiges Themenhotel, dessen Front ganz von einer künstlichen Karibik-
landschaft und einem großen See beherrscht wird. In die
Landschaft wurde ein Piratennest eingebaut, davor liegt
ein originalgetreu nachgebautes Piratenschiff. Auf der
anderen Seite des Sees liegt, hinter einem Felsen versteckt, ein britisches Kriegsmarineschiff, alles im Stil
des 18. Jahrhunderts.

'Piratennest' am Treasure Island

Und dann geht es los.
Die Show beginnt mit einer filmreifen Schlägerei einiger Piraten untereinander. Die Stunts der Akteure sowie
die Licht- und Soundeffekte sind perfekt wie in einem
Hollywood-Film.

Dann nähert sich ganz langsam das britische Schiff und
beginnt seinen Angriff auf das Piratennest mit lautem
Kanonendonner, schließlich entbrennt eine 'heiße'
Schlacht - und das keine 5 Meter von der Fahrbahn des
'Strip' entfernt!

Die Kanonenkugeln fliegen durch die Luft, Häuser des Piratennestes beginnen zu brennen.

Piraten fallen von den Masten ihres Schiffes ins Wasser, dann wird auch das britische Schiff von einer Kugel getroffen; es beginnt zu brennen und versinkt dann ganz langsam im 'Meer'.

Und der todesmutige Captain steht in stolzer Haltung regungslos an Bord und geht mit seinem Schiff unter, wie es sich für Helden des Britischen Empire gehört!

Den Applaus haben sich alle Akteure redlich verdient, diese Show ist absolut sehenswert.

Und als die ersten Zuschauer bereits weiter schlendern, wird denen, die noch warten, ein besonderes Schmankerl geboten.

Da das Kriegsschiff für die nächste Show in gut einer Stunde erneut einsatzfähig bereitstehen muss, wird es ganz langsam wieder aus dem Wasser gezogen - und der Captain steht noch immer genau dort, wo er stand, als er mit dem Schiff unterging, stolz und hocherhobenen Hauptes - dazu läuft als Hintergrundmusik 'Rule Britannia!' - Köstlich!

Es dauert einige Zeit, bis sich die große Zuschauermenge wieder aufgelöst hat.

Wir schließen uns dem Hauptstrom an, der ins 'Treasure Island' hineindrängt und bummeln durch das Casino.

Zum wiederholten Male riskieren wir natürlich ein paar Dollar - und werden wieder nicht mit dem großen Gewinn belohnt.

So unterschiedlich die großen Themenhotels in Las Vegas sind, ihre Casinos jedoch sehen fast alle gleich aus.

Eigentlich kann man nur am Werbeaufdruck auf den großen Plastikbechern für die Münzen erkennen, in welchem Casino man sich gerade befindet und einen solchen Becher nehmen wir natürlich auch als Souvenir vom 'Treasure Island' mit.

Langsam spazieren wir zurück zum 'Mirage'. Leider verpassen wir den Vulkanausbruch erneut, aber den werden wir in den nächsten Tagen mit Sicherheit noch in voller Schönheit erleben.

Für den Rest des Weges zum 'Excalibur' gönnen wir uns etwas Besonderes - wir fahren Bahn!

Zwar gibt es in Las Vegas keine U-Bahn, doch zwischen dem 'Mirage' und dem 'Caesars Palace' verkehrt eine Schienenbahn. Die Fahrt dauert nur knapp 3 Minuten, doch einige hundert Meter Fußweg haben wir dadurch eingespart.

Vom 'Caesars Palace' aus überqueren wir den 'Strip' und gehen hinüber zum 'Bally's Grand Hotel'.
Hier geht es per Rolltreppe und -band einige Meter durch das Hotel- und Casinogelände. Dann stehen wir auf dem Bahnsteig der Monorail, die von hier ohne Stopp parallel zum 'Strip', an der Rückseite der Hotels, bis zum 'MGM Grand' fährt.

Nachdem wir einen Platz gefunden haben und der Zug losgefahren ist, wird das Zuginnere verdunkelt und wir haben so einen herrlichen Ausblick auf die Lichterfas-

saden, aber auch auf einige Hinterhöfe der Luxusher-
bergen.

Die Fahrt zum 'MGM Grand' dauert circa 5 Minuten,
dann heißt es aussteigen und es geht über endlos schei-
nende Rolltreppen und Gänge - wohin?
Natürlich ins Casino des 'MGM'! Schließlich warten
hier jede Menge 'einarmiger Banditen' darauf, von uns
gefüttert zu werden.
Und so spielen wir wieder, doch Gewinn? Null!!

Es ist einfach zu verführerisch, noch einige Dollar zu
riskieren, wenn der Automat bereits ein paar Münzen
Gewinn ausgespuckt hat. Also sind letztendlich der
Einsatz und der Gewinn wieder in den gefräßigen Bäu-
chen der Spielautomaten verschwunden.

Zum Glück behalten wir angesichts der großen Verlo-
ckung, hier in Las Vegas unser ganzes Geld zu 'verzocken', noch einen kühlen Kopf und spielen nur an Automaten, die maximal 25 Cent Einsatz erfordern.
Dennoch sind auch jetzt wieder insgesamt ungefähr 10
Dollar pro Person als 'Spende' von uns an die Betreiber
des 'MGM'-Casinos geflossen.

Wir machen uns auf das letzte Stück unseres Rückwe-
ges, am 'New York, New York' vorbei, zum 'Excalibur'.

Da es noch nicht allzu spät ist, wollen wir nicht gleich
in unser Zimmer, sondern gehen noch kurz durchs Casino - und natürlich finden sich zufällig noch ein paar
Münzen in der Tasche und das Spiel geht wieder von
vorn los!

Doch nach einer halben Stunde siegt die Vernunft und wir ziehen uns dezent aber zielstrebig zum Schlafen zurück. Morgen ist auch noch ein Tag....

24. Tag: Sonntag, 23. Juli 2000:
Las Vegas

Wir stehen wieder einmal früh auf, denn heute steht ein Hotelwechsel an und das Zimmer muss bis 11:oo Uhr geräumt sein.

Das Auschecken gestaltet sich äußerst problemlos und relativ schnell ist auch das Gepäck im Wagen verstaut, schließlich haben wir darin ja beste Übung.
Die Abfahrt vom 'Excalibur' fällt uns nicht schwer, denn wir können es ja in den nächsten zwei Tagen noch immer besuchen, wenn wir wollen; wir bleiben schließlich in Las Vegas.

Jedoch werden wir die kommenden zwei Nächte wirklich exklusiv schlafen, denn wir haben eine Suite im Hotel 'Venetian', dem jüngsten der großen Themenhotels gebucht.

Die Fahrt über den 'Strip' zum 'Venetian', das schräg gegenüber dem 'Treasure Island' liegt, bewältigen wir mit Leichtigkeit; auch das große Parkhaus des Hotels und einen entsprechenden Parkplatz finden wir schnell.

Findigerweise lassen wir das Gepäck erst einmal im Wagen und begeben uns zum Haupteingang des Hotels, wo vor der Tür ein gewaltiges Kommen und Gehen herrscht.

Livrierte Pagen stehen bereit, um den Gästen zum Ein- und Aussteigen aus den Limousinen den Wagenschlag zu öffnen.

Fasziniert betrachten wir erst einmal das Äußere des 'Venetian'.

Vor dem eigentlichen Hotel, das wohl gut 30 Etagen hat, wurde die Kulisse von Venedig originalgetreu nachgebaut.

Weithin sichtbar ragt der Nachbau des Campanile vom Markusplatz heraus, direkt daneben befindet sich die Rialtobrücke, dahinter dann der Dogenpalast.

Mitten durch den großen Vorplatz schlängelt sich der 'Canale Grande', auf dem natürlich echte Gondeln sanft dahinschaukeln und unter der Seufzerbrücke hindurch fahren.

Man könnte wirklich glauben, in Venedig zu sein.

Durch die große Eingangstür betreten wir dann die Empfangshalle und bleiben staunend stehen:

An den Wänden befinden sich vergoldete Stuckorna-mente.
Die Decke ist eine riesige Kuppel mit herrlichen Fres-ken, darunter ist die Kopie der 'Erschaffung des Adam' von Michelangelo zu erkennen.

Überall stehen große Marmorsäulen und als Fußboden dient Parkett mit Intarsien.

Der Campanile des 'Venetian' bei Nacht

Wir fühlen uns wie in einem italienischen Palazzo, alles wirkt absolut echt.

Und die größte Überraschung ist, dass wir hier nicht zuerst im Casino landen, sondern tatsächlich direkt im Hotelbereich.

An der Rezeption, die noch größere Ausmaße als die des 'Excalibur' hat, herrscht großes Gedränge.

Allerdings handelt es sich dabei nur um Gäste, die abreisen möchten.
Alle Neuankömmlinge, die einchecken wollen, werden mit einem großen Schild freundlich darauf hingewiesen, dass das Einchecken erst ab 14:oo Uhr möglich ist.

Da dies entsprechend auch für uns gilt, ist es schnell beschlossene Sache, dass wir zunächst einen Rundgang durch das Gebäude machen.

Der lange, breite Gang von der Rezeption weiter ins Innere führt natürlich direkt zum Casino, wo sich uns das gleiche Bild wie in allen anderen Hotels von Las Vegas bietet:
Endlos lange Reihen von Spielautomaten, Roulettetische, Black Jack, etc.

Da wir daran im Moment kein Interesse haben, setzen wir unseren Weg fort in die hinteren Bereiche.

Hier befinden sich die Zugänge zum Parkhaus und zum Hotelturm, ein großes Restaurant, ein Bistro und ein paar kleinere Läden mit Zeitungen, Erfrischungen, etc.

Hinter der nächsten Wegbiegung befinden wir uns unvermittelt in der Attraktion des 'Venetian'.
So, wie im 'Caesars Palace' Rom nachgebaut wurde, hat man in diesem Hotel Venedig nachgebaut, mit strahlend blauem Himmel darüber, der, je nach Tages- bzw. Nachtzeit, entsprechend aufgehellt oder abgedunkelt wird.

Auf dem künstlichen Canale Grande schaukeln Dutzende Gondeln an der Anlegestelle. 'Echte' Gondoliere, die, wie wir später feststellen, sogar wirklich hervorragend live singen können, warten auf Passagiere.

Mit der Gondel durchs Hotel

Unzählige kleine Ladengeschäfte reihen sich dicht gedrängt am Kanalufer aneinander, dazwischen befinden sich immer wieder einige kleine Restaurants und Trattorias, alle natürlich ganz stilecht.
Selbst echte Tauben hat man nicht vergessen. Sie wurden dressiert und fliegen zu festgelegten Zeiten ihre Runde über den auch hier nachgebauten Markusplatz!

Bei all dem, was es hier zu sehen und zu entdecken gibt, vergeht die Zeit sehr schnell und so begeben wir uns gegen 13:3o Uhr zurück zur Rezeption. Die Warteschlange ist nicht viel kleiner geworden, aber zum Glück hat das Einchecken jetzt doch bereits begonnen.

Die Formalitäten sind zügig erledigt und wir gehen zu unserem Auto, um das Gepäck zu holen.

Nachdem wir uns als Gäste des Hotels ausgewiesen haben, lässt uns der Wächter am Zugang zum Hotelturm freundlich lächelnd passieren und anschließend geht es mit dem Expressfahrstuhl hinauf in die 23. Etage, wo sich unsere Suite befindet.

Beim Öffnen der Tür sind wir sehr gespannt, wie es im Inneren des Raumes aussehen wird.
Schon die Ausstattung der Hotelflure lässt darauf schließen, dass wir nobel untergebracht sein werden.

Und diese Vermutung soll sich als richtig erweisen!

Vor uns liegt zunächst ein kleiner Korridor, auf der linken Seite eine mit vergoldeten Griffen versehene Doppelflügeltür, die zum Bad führt, an der rechten Wand befindet sich ein vergoldeter Barockspiegel.

Geradeaus führt der Korridor zur recht geräumigen Suite, deren vorderer Bereich zum Schlafen dient und von einem großen 'Queen Size'-Bett beherrscht wird, dessen Kopfteil reich verziert ist mit Ornamenten.

In die Trennwand zum Bad sind geräumige Schränke eingebaut.

Vom vorderen Bereich führen zwei Stufen hinunter in den Wohnbereich mit Schlafcouch, Tisch, Sessel, Schreibtisch (mit Faxgerät), Fernseher, Wandschrank und Minibar.

Die gesamte Ausstattung ist wirklich sehr gediegen, die Wände sind mit Mahagoni vertäfelt, die Möbel natürlich auch in passendem Holz.
Hier kann man es aushalten!

Das Bad ist äußerst komfortabel, mit schneeweißen Fliesen und einer gläsernen Duschkabine; alle Armaturen und Griffe sind vergoldet.
Die Toilette ist in einem vom Bad abgeteilten, separaten kleinen Raum, ebenfalls alles in schneeweiß gehalten.
Und der absolute Clou hier: An der Wand befindet wahrhaftig ein Telefon!!

Zunächst einmal packen wir das Nötigste aus und versuchen, durch Umstellen des Inhaltes ein paar unserer eigenen Getränkeflaschen in der Minibar unterzubringen.
Dann machen wir es uns für ein Weilchen gemütlich und durchblättern dabei auch die hauseigenen Informationsbroschüren.

Das hätten wir jedoch besser tun sollen, bevor wir uns an der Minibar zu schaffen machten.

Eine der Informationen besagt nämlich, dass die Minibar mit einem zentralen Computer gekoppelt ist und somit allein das Entnehmen eines Getränkes bereits dessen Berechnung auslöst.
Es spielt also keine Rolle, ob man das Getränk zu sich nimmt oder es anschließend doch wieder zurückstellt.
Somit hat uns diese Aktion 3,35 Dollar gekostet!

Und damit nicht noch mehr Kosten entstehen, nehmen wir unsere eigenen Getränke natürlich unverzüglich wieder aus der Minibar heraus, in der Hoffnung, dass deren Entnahme nicht auch noch berechnet wird.

Am späteren Nachmittag beschließen wir, noch einen Ausflug mit dem Auto zu unternehmen und zwar in das alte Zentrum von Las Vegas, zur Fremont Street, wo sich der berühmte, mit dem Daumen winkende Cowboy befindet, früher einmal **das** weltbekannte Wahrzeichen der Stadt.

Die Fahrt dorthin, ausschließlich den 'Strip' hinunter , dauert ca. 20 Minuten.
Das vermittelt in etwa eine Vorstellung davon, wie weit sich Las Vegas durch den Bau der zahlreichen Themen-hotels nach Süden hin ausgedehnt hat.

Heute ist die Fremont Street eine Fußgängerzone, die auf ihrer gesamten Länge mit einer gewaltigen Licht durchlässigen Kunststoffkonstruktion überdacht ist.

Die Freemont Street

In diesem Dach sind einige Zehntausend Glühbirnen installiert, mit denen abends eine phantastische Lightshow mit den unterschiedlichsten Motive erzeugt wird.

Da auch der Cowboy von dieser Überdachung betroffen ist, ist er heute nur noch mit Mühe zwischen den vielen Reklametafeln auszumachen - aber er winkt nach wie vor!

Rechts und links der Straße befinden sich zahlreiche Casinos und Geschäfte, die noch immer viele Touristen anlocken.

Eines dieser Casinos ist das 'Golden Nugget', eines der ersten Spielcasinos, die hier in Las Vegas gebaut wurden.
Die Fassade strahlt und glitzert auch heute noch wie in alten Zeiten.

Das 'Golden Nugget'

Doch insgesamt macht die ganze Gegend hier einen etwas vernachlässigten Eindruck - kein Vergleich mit der gigantisch strahlenden Glitzerwelt des 'neuen' Las Vegas.

Auf der Rückfahrt machen wir noch Halt an einem großen Westernstore, wo wir uns mal wieder mit einigen netten Souvenirs eindecken.

Nach dem Abendessen machen wir unseren schon obligatorischen Spaziergang über den 'Strip'.
Selbstverständlich riskieren wir auch hier und da wieder ein paar Dollar, das macht einfach zu viel Spaß.
Und, es ist kaum zu glauben, diesmal springen am Ende tatsächlich ca. 70 Dollar Gewinn dabei heraus!!

25. Tag: Montag, 24. Juli 2000:
Las Vegas

Nach erholsamem Schlaf in unserem 'Luxusdomizil' erwachen wir an diesem Morgen ausgeruht und voller Tatendrang.

Allerdings dämpft dann doch ein Wermutstropfen unsere gute Laune:
Heute ist definitiv unser letzter kompletter Tag in den USA, morgen Mittag geht unsere Maschine zurück in die Heimat.

Doch schnell verdrängen wir diesen Gedanken wieder und überlegen, was wir heute unternehmen werden.
Da uns am Abend zuvor bei unserem Spaziergang auf dem 'Strip' ein paar Gutscheine für einen verbilligten

Brunch im 'MGM Grand' zugesteckt wurden, ist die Entscheidung einfach.

Also trödeln wir noch ein wenig herum, genießen ein ausgiebiges Duschbad undpacken schon einmal ein paar Sachen zusammen.
Dann fahren wir hinüber zum 'MGM Grand Hotel'. Der Buffetraum ist jetzt um die Mittagszeit noch recht leer und so haben wir auch kein Problem, einen Tisch in der Nähe des Buffets zugewiesen zu bekommen.

Auch dieses Brunchbuffet bietet jede erdenkliche Köstlichkeit und wir nehmen uns gut 3 Stunden Zeit, um möglichst viel davon zu probieren.

Da die Kalorien natürlich wieder abtrainiert werden müssen, wagen wir heute einen Spaziergang am helllichten Tage, wobei in der Hitze die Fettpölsterchen schon fast von allein wegschmelzen.

Wir schlendern vom 'MGM Grand' hinüber zum 'Mandalay Bay', dessen Attraktion ein nachgebildeter Palmenstrand an einem großen, den Pazifik darstellenden See mit künstlicher Wellendünung ist.
Leider kostet die Benutzung dieses 'Wellenbades' reichlich Eintritt.
Da wir keine Badekleidung dabei haben und eigentlich nur am 'Strand' liegen wollten, können wir darauf auch verzichten und begnügen uns damit, das Geschehen am Pool für kurze Zeit aus einigem Abstand zu beobachten.

Anschließend gehen wir 'nach nebenan' ins 'Luxor', dem Hotel, das wie eine Pyramide gebaut ist.

Der riesige Innenraum mit Rezeption und Casino erstreckt sich nach oben bis fast zur Pyramidenspitze.
Die einzelnen Zimmeretagen sind zum Gebäudeinneren hin als offene Umgänge gestaltet, so dass man von jeder Etage hinunterblicken kann auf das Geschehen im Casino.

Hauptattraktion des 'Luxor' ist jedoch eine Nachbildung des Grabes von Tut-ench-Amun, wobei sich jeder Besucher, der diese Grabkammer besichtigt, fühlen kann wie einst Howard Carter.

Anschließend begutachten wir noch die (oder heißt es doch den) Sphinx und den großen Obelisken vor dem Hotel, dann gehen wir zurück zu unserem Wagen im Parkhaus des 'MGM Grand'.

Nach der Rückkehr zum 'Venetian' setzen wir unseren Spaziergang in diesem Bereich des 'Strip' fort.

Recht schnell wird es uns in der prallen Sonne doch zu heiß.
So verbringen wir den Rest des Nachmittags in unserer Suite, wo wir schließlich nach einer ausgiebigen Ruhephase damit fortfahren, unsere Siebensachen zu packen.

Am späteren Abend dann machen wir uns auf zu einem unwiderruflich allerletzten Bummel über den 'Strip'.

Zunächst gehen wir weiter in Richtung Norden, wo sich die älteren Hotels wie das 'Circus Circus' oder das 'Riviera' befinden.

Am Eingang des 'Riviera' hat man den Showgirls von Las Vegas ein Denkmal gesetzt.

Es heißt, dass es Glück bringt, wenn man mit der Hand ihr Hinterteil streicht. Da dies wohl schon unzählige Glücksspieler versucht haben, sind diese Körperteile schon sehr glänzend.

Die Showgirls am 'Riviera'

Wir gehen zurück zum 'Mirage', wo wir erneut den Vulkanausbruch verpassen.

Anschließend nehmen wir wieder die Bahn bis zum 'Bally's' und von dort die Monorail zum 'MGM Grand'.

Wir durchqueren das Casino sehr zügig, ohne uns zum 'Zocken' verführen zu lassen.

Der Grund dafür ist, dass wir möglichst schnell auf den seitlich neben dem Hotel gelegenen Parkplatz gelangen wollen, denn von dort haben wir den besten Blick auf das jetzt von uns angestrebte Ziel:

Wir wollen an diesem letzten Abend in Las Vegas unbedingt noch den riesigen Laserstrahl filmen bzw. fotografieren, der von der Spitze des 'Luxor' weit hinaus in den Himmel leuchtet.
Angeblich soll dies der größte Laserstrahl der Welt sein.

Am Zielpunkt angekommen, werfen wir einen Blick auf die Uhr: Der beschriebene Weg vom 'Treasure Island' bis hierher hat genau 75 Minuten gedauert - für eine Strecke von vielleicht zwei Kilometern Luftlinie!

Nachdem die Aufnahmen im Kasten sind, nehmen wir den gleichen Weg zurück zum 'Venetian', was erneut 75 Minuten dauert.

Und endlich haben wir Glück:

Wir kommen genau zum richtigen Zeitpunkt am 'Mirage' an und können schließlich doch noch den gewaltigen Vulkanausbruch, der mit einer imposanten Explosion endet, bewundern!!

Endlich! Der Vulkan bricht auch für uns aus!

Somit haben wir doch (fast) alles gesehen, was wir in Las Vegas sehen wollten.

Entsprechend können wir relativ zufrieden ins Bett gehen, um unserem Abreisetag entgegen zu schlafen.

Das gibt es nur in Las Vegas:
Römischer Triumphbogen vor dem Eiffelturm!

26. Tag: Dienstag, 25. Juli 2000:
Las Vegas - Amsterdam - Dortmund

Wieder einmal sind wir schon sehr früh auf den Beinen. Unsere Maschine startet zwar erst um 12:3o Uhr, doch wir müssen bis 10:oo Uhr unsere Suite geräumt haben.

Und das ist mit dem vielen Gepäck gar nicht so einfach. Doch mit ein wenig logistischer Planung schaffen wir es, bereits um 9:oo Uhr alles im Auto verstaut zu haben, um dann zur Rezeption zu gehen und auszuchecken.

Wie befürchtet präsentiert uns der nette junge Mann auch gleich die Rechnung über 3,35 Dollar für die Getränke, die wir gar nicht zu uns genommen haben.
Doch wir wollen nicht streiten und bezahlen selbstverständlich, schließlich war es ja unsere eigene Dummheit.
Als Andenken an das 'Venetian' bekommen wir unsere deaktivierten Keykarten sowie noch je einen Kugelschreiber überreicht, eine nette Geste.

Wir verlassen das Hotel und fahren mit ein wenig Wehmut ein letztes Mal über den 'Strip'.

Da wir ja bereits ausgekundschaftet haben, wo wir unseren Mietwagen am Flughafen zurückgeben müssen, ist auch diese Sache schnell erledigt und wir begeben uns im Airport gleich zum Einchecken. Das klappt ebenfalls völlig reibungslos.

Wie schon auf dem Hinflug nach San Francisco können wir unser Gepäck bis zum Endziel Dortmund durchgehend aufgeben und müssen uns unterwegs um nichts mehr kümmern.

Dann lassen wir uns erst einmal gemütlich im Flughafenrestaurant nieder und nehmen ein letztes Frühstück auf amerikanischem Boden ein.
Dabei beginnen wir bereits, die Ereignisse und Eindrücke der vergangenen vier Wochen Revue passieren zu lassen.
Zwischendurch laufe ich immer mal wieder nach draußen vor die Abflughalle, um mir eine Zigarette zu genehmigen, denn selbstverständlich ist das Rauchen auch

hier im Gebäude streng verboten. Und da der Flug sehr lange dauern wird, muss ich eben auf Vorrat rauchen.

Schließlich ist es so weit, unser Flug wird aufgerufen. Wir passieren anstandslos alle Kontrollen und finden uns kurz darauf im Flugzeug wieder.

Der Start erfolgt pünktlich und wir erleben einen knapp vierstündigen, ereignislosen Flug von Las Vegas nach Detroit.

Nach der Landung müssen wir erst einmal unsere Uhren umstellen, denn Detroit liegt in einer anderen Zeitzone, es ist also bereits 18:3o Uhr Ortszeit.

Nachdem wir unser Gate für den Abflug nach Amsterdam gefunden haben, können wir uns in aller Ruhe niederlassen, denn die Maschine erhebt sich laut Plan erst um 21:5o Uhr in die Luft.

Die Zeit bis dahin vergeht nur sehr langsam. Jedoch nutzen wir sie auch, um uns sicherheitshalber wärmere Kleidung anzuziehen, denn beim Abflug in der Hitze von Las Vegas trugen wir selbstverständlich nur sehr leichte Kleidung.
Aber selbst hier im Flughafengebäude kann man merken, dass es in Detroit spürbar kühler ist - und wer weiß, wie das Wetter bei unserer Landung in Europa sein wird?!

Endlich werden wir aufgerufen und dürfen in den 'Jumbo' einsteigen, der uns über den Atlantik zurück in die Heimat bringen wird.

Der Flug verläuft insgesamt sehr ruhig.
Nur einmal, ca. 2 Stunden nach dem Start, werden wir aufgefordert, uns anzuschnallen, da Turbulenzen drohen, doch von diesen ist so gut wie nichts zu spüren.

Draußen ist es jetzt fast ganz dunkel und wir merken unsere Müdigkeit. Also versuchen wir zu schlafen, was uns kurzzeitig auch immer wieder, zumindest für ein paar Minuten, gelingt.

Den Rest der Zeit verbringen wir mit Lesen, Musik hören, Film ansehen - was man halt auf einem solch langen Flug so macht.

Und irgendwann kommt dann auch schließlich die Meldung aus dem Cockpit, dass wir zur Landung in Amsterdam ansetzen.

27. Tag: Mittwoch, 26. Juli 2000: Dortmund

Obwohl für uns vom Gefühl her immer noch der gleiche Tag ist, ist es bei der pünktlichen Landung in Amsterdam bereits der folgende Tag, 11:2o Uhr.

Wie befürchtet, ist das Wetter kühl und regnerisch.
Um zu unserem Anschlussflug nach Dortmund zu gelangen, müssen wir fast das gesamte Flughafengebäude durchqueren, um von einem Gate zum anderen zu kommen.

Als das geschafft ist, heißt es wieder einmal warten, denn der Flug nach Dortmund startet um 13:3o Uhr.

Da wir während unseres gesamten Aufenthaltes in den USA so gut wie keine Nachrichten aus der Heimat erfahren haben, kaufen wir uns zur Verkürzung der Wartezeit eine deutsche Zeitung.
Schließlich wollen wir endlich wissen, wer die Fußball-Europameisterschaft gewonnen hat und wie der neue Fußballbundestrainer heißt.

Doch die Schlagzeile der Zeitung lässt uns erst einmal vor Schreck blass werden:
Am Tag zuvor, noch während wir in Las Vegas waren, ist eine Concorde bei Paris abgestürzt!
Wer weiß, ob wir während unseres Rückfluges über den 'großen Teich' auch so entspannt gewesen wären, wenn wir dies bereits vor unserem Abflug von Amerika erfahren hätten.

Doch auf unserem bisherigen Flug ist ja schließlich alles gut gegangen und wir sind sicher, dass wir auch die restliche Strecke unserer Heimreise ohne Probleme zurücklegen werden.

Und so ist es dann auch:

Die Maschine von Amsterdam nach Dortmund startet pünktlich.
Und nach einer kurzen Zwischenlandung auf dem Flughafen Münster/Osnabrück haben wir um 15:oo Uhr wieder heimatlichen, westfälischen Boden unter den Füßen!

Hinter uns liegt eine phantastische vierwöchige Urlaubsreise durch den Westen der USA und Kanadas.

Wir haben während dieser Zeit gut 10.000 Kilometer mit dem Auto zurückgelegt, im Gepäck befinden sich Dutzende von belichteten Filmen und jede Menge Souvenirs, wir haben jeder gut und gerne 8.000 DM ausgegeben.

Sicherlich war die Reise manchmal anstrengend und wir hätten uns gewünscht, an manchen Orten mehr Zeit verbringen zu können.
Dafür hätten andere Orte aus der Route ausgeklammert werden können, doch unumstößliches Fazit ist:

Es hat sich gelohnt!!

Um die Unmengen von verschiedenen Eindrücken, die wir während dieser Zeit gewonnen haben, zu sortieren und zu verarbeiten, haben wir noch eine ganze Weile benötigt.

Doch für uns alle stand am Schluss dieser Reise eines mit absoluter Sicherheit fest:

Bei der nächsten Gelegenheit werden wir wieder in die USA fliegen und dort Urlaub machen!

Und das haben wir in der Zwischenzeit - nämlich in den Jahren 2002, 2004, 2007, 2009, 2012, 2014 und 2016 - auch tatsächlich bereits wieder getan.

Im Oktober 2002 führte unsere Reise an der Ostküste entlang von New York nach Miami.

Im Sommer 2004 machten wir eine Rundreise durch die Südstaaten und im April 2007 ging es erneut nach Las Vegas.

Darauf folgten 2009 wieder der Westen und Las Vegas, 2012 New York und Florida, 2014 New York und 2016 nochmals New York und die Ostküste.

Was auf diesen Reisen geschah und was dort sehenswert war, das steht auf einem anderen Blatt - und für die Reisen in 2002 und 2004 auch bereits in zwei weiteren Büchern.

Und der Rest vielleicht dann demnächst in weiteren Büchern….